U0529556

云南省社会科学院
中国（昆明）南亚东南亚研究院 研究文库
何祖坤　主编

泰国傣泐人的历史、文化认同与区域和谐

THE HISTORY, CULTURAL IDENTITY
AND THE REGIONAL PEACE:
A CASE STUDY OF DAI LUE PEOPLE IN NORTHERN THAILAND

郑晓云　［泰］娜达蓬—素塔孔 ◎ 著
Xiao Yun. Zheng　Ratanaporn Sethakul

中国社会科学出版社

图书在版编目(CIP)数据

泰国傣泐人的历史、文化认同与区域和谐 / 郑晓云，[泰] 娜达蓬-素塔孔著.
—北京：中国社会科学出版社，2019.10
ISBN 978-7-5203-5108-9

Ⅰ.①泰… Ⅱ.①郑…②娜达蓬… Ⅲ.①民族历史—研究—泰国②傣族—民族历史—研究—中国 Ⅳ.①K336.8②K285.3

中国版本图书馆 CIP 数据核字（2019）第 209280 号

出 版 人	赵剑英
责任编辑	任　明
责任校对	李　莉
责任印制	郝美娜

出　　版	中国社会科学出版社
社　　址	北京鼓楼西大街甲 158 号
邮　　编	100720
网　　址	http：//www.csspw.cn
发 行 部	010-84083685
门 市 部	010-84029450
经　　销	新华书店及其他书店

印刷装订	北京君升印刷有限公司
版　　次	2019 年 10 月第 1 版
印　　次	2019 年 10 月第 1 次印刷

开　　本	710×1000　1/16
印　　张	11.75
插　　页	2
字　　数	146 千字
定　　价	85.00 元

凡购买中国社会科学出版社图书，如有质量问题请与本社营销中心联系调换
电话：010-84083683
版权所有　侵权必究

云南省社会科学院 中国(昆明)南亚东南亚研究院研究文库编委会

主　任：何祖坤

副主任：沈向兴　王文成　陈光俊　陈利君　黄小军

委　员：(按姓氏笔画排序)

马　勇　王文成　王育谦　孔志坚
邓　蓝　石高峰　任仕暄　杜　娟
何祖坤　余海秋　沈向兴　陈光俊
陈利君　郑成军　郑宝华　赵　群
郭穗彦　黄小军　萧霁虹　董　棣
雷著宁

编　辑：马　勇　袁春生　郑可君

目　录

第一章　绪论 …………………………………………………（1）

第二章　泰国傣泐人与中国傣族历史关系 …………………（16）
　第一节　泰国北部泰人的历史 ………………………………（16）
　　一　泰国北部泰人的早期历史 ………………………………（16）
　　二　元朝以后傣泐人的迁徙 …………………………………（21）
　第二节　泰国兰那傣泐人的历史与文化变迁 ………………（23）
　　一　兰那傣泐人与云南的历史渊源 …………………………（23）
　　二　兰那与西双版纳的历史渊源 ……………………………（25）
　　三　傣泐人的迁徙 ……………………………………………（31）
　　四　目前泰国傣泐人的分布情况和文化习俗 ………………（35）
　　五　当代傣泐人的社会文化变迁 ……………………………（44）
　第三节　难府傣泐人的历史迁徙与文化习俗 ………………（46）
　　一　难府的背景 ………………………………………………（46）
　　二　迁徙与定居过程 …………………………………………（53）
　　三　傣泐人的信仰与社会意识 ………………………………（60）
　　四　难府傣泐人的人生礼仪与文化 …………………………（62）

第三章　傣泐人的社会文化变迁和现状 ……………………（76）
　第一节　泰国傣泐人的社会结构和社会状况 ………………（76）
　第二节　傣泐人的经济生活现况 ……………………………（82）

第三节　傣泐人的传统文化变迁与现状 …………………… (87)

第四章　泰国傣泐人的文化认同 ………………………………… (100)
　　第一节　傣泐人文化认同的结构 ………………………………… (100)
　　　　一　民族认同 ……………………………………………… (100)
　　　　二　祖先认同 ……………………………………………… (101)
　　　　三　社区认同 ……………………………………………… (103)
　　　　四　民族文化认同 ………………………………………… (104)
　　　　五　居住国的国家认同和国家文化认同 ………………… (105)
　　第二节　文化变迁与文化认同的变化 …………………………… (106)
　　　　一　当代发展环境中的傣泐文化 ………………………… (106)
　　　　二　文化认同的变化与维持 ……………………………… (112)
　　第三节　当代的文化认同重构问题 ……………………………… (118)
　　　　一　重构文化认同的原因 ………………………………… (118)
　　　　二　傣泰民族文化圈与傣泰民族的家园意识 …………… (122)
　　　　三　泰国傣泐人的祖籍认同问题 ………………………… (127)
　　　　四　新的傣泐人社会网络的扩大及其影响 ……………… (135)
　　　　五　重构中的文化认同 …………………………………… (139)

第五章　泰国傣泐人与中国傣族的互动及影响 ………………… (144)
　　第一节　当代中国傣族的文化认同重构 ………………………… (144)
　　　　一　20世纪50年代以前傣族的文化认同 ………………… (145)
　　　　二　20世纪50年代以后文化认同的重构 ………………… (146)
　　第二节　境内外傣泐人的交往互动 ……………………………… (152)
　　　　一　社会生活方面的交往 ………………………………… (152)
　　　　二　经济方面的交往 ……………………………………… (155)
　　　　三　宗教交流方面的交往 ………………………………… (156)
　　第三节　社会经济文化互动的影响 ……………………………… (158)

第六章 民族认同与和谐边疆的建设 …………………（164）
　第一节　当代云南边疆和周边发展势态 ……………（164）
　第二节　文化认同与和谐边疆的建设问题 …………（167）
后　记 ……………………………………………………（178）

Content

Chapter 1　Introduction

Chapter 2　the History Relationship of Dai Lue People in Thailand and Dai Nationality in China

The Early History of Tai People in Northern Thailand

The Migration of Dai Lue People after Yuan Dynasty

The Migration of Lue in Lanna and its Cultural Transformation

The Migration of Lue in Nan and its Cultural Transformation

Chapter 3　The Dai lue people in Thailand: Socio-cultural Changes and Current Situation

The Social Structure and Situation

The Current Situation of Economic Life

The Changes and Current Situation of the Traditional Culture

Chapter 4　the Cultural Identity of Dai Lue in Thailand

The Structures of the Identity

Cultural Changes and the Changes of the Cultural Identity

The Rebuilding of Current Cultural Identity

Chapter 5　the Interaction and Impacts of Dai lue in Thailand and China

The Rebuilding of Current Cultural Identity of Dai in China

The Interaction of Dai Lue in and out of China

The impacts of Socio-Economic and Cultural Interaction

Chapter 6　Cultural Identity and Building the Regional Peace

The Current Developing Situation of Yunnan, China and Circum

The Issues of Ethnic Identity and Building the Regional Peace

Postscript

第一章　绪论

　　本书的研究重点是关注泰国傣泐人文化认同形成的历史背景，近年来泰国傣泐人和中国傣族之间社会互动带来的文化认同的相互影响，以及利用这种历史和文化渊源关系构建中国西南和谐边疆的探讨。泰国傣泐人的文化认同形成与其特殊的历史迁徙背景和文化变迁有直接关系，他们都是在历史上从中国的西双版纳或直接迁徙到泰国北部，或迁徙到老挝、缅甸再进入泰国北部的。随后这些人成为泰国当地的居民并进入本地化的过程，构建起基于民族的历史和文化，与当地社会以及泰国一体化的文化认同。近年来随着社会的开放，泰国北部的傣泐人和周边国家同祖同源的傣泐人之间的交往不断加多，在文化与认同上面都发生着相互之间的影响，同时这种影响也在触动泰国傣泐人文化认同的重构。

　　为了深入研究泰国傣泐人文化认同问题以及和中国傣族文化认同的相互影响，我们有必要对文化认同的内涵进行一个初步的概述。

　　文化认同是人类对于文化的倾向性共识与认可。这种共识与认可是人类对自然认知的升华，并形成支配人类行为的思维准则与价值取向。由于人类存在于不同的文化体系中，因而文化认同也因文化的不同而各异。不同的文化有不同的文化认同，文化认同也因此而表现为对其文化的归属意识。同时文化认同也是人们文化身份的一种体现，体现出一种文化和另外一种文化的差异。文化认同具有结构性,它和个人认同、民族认同都有差别,也就是说文化认同包括了个人认同、民族认同以及对文化不同方面的认同,因此随着文化认同构成要素的变化,人们的文化认同也是在变化的。①

人类的文化首先是以民族为载体的,不同的民族由于生存的地理环境和社会环境的差异,产生了不同的民族文化。因此在这个过程中也产生了不同的民族认同,尤其是在和其他民族的接触和比较中发现自我与异文化差异的过程更能产生、提升对本民族族属和文化的归属感,从而产生对内对外复杂的民族意识、感情、情绪等,并且和本民族的各种文化因子交织在一起,对内形成一个民族的凝聚力,对外则可能产生文化冲突。文化认同从人类发展的角度来说,首先反映在民族认同的层面上,表达个体对一个民族的归属,拥有这个民族的归属感,认同一个民族文化,并且将一个民族固化了的各种文化符号作为自己民族的象征和民族认同的表象。因此民族文化认同有心理和表象两个层面上的不同表现,心理层面上表现为一个民族特有的民族意识、民族感情、思维方式、历史记忆、价值取向等,另一个层面上可以通过一个民族的文学艺术、生活方式、社会组织和行为等从一个民族文化符号的各种物质产品中反映出来。一些学者也将民族文化认同表达为抽象的和具象的两种形态,心理层面上的民族认同意识表现为民族精神、国民性、思维方式等,具象民族认同可以通过艺术和文学作品、习惯、礼仪、制度表达出来。② 总而言之,民族文化认同都表达了一

---

① 郑晓云:《文化认同论》,中国社会科学出版社2018年版,第4页。关于文化认同问题的更多论述,参阅此书相关论述。

② [日]吉野耕作:《文化民族主义的社会学——现代日本自我认同意识的走向》,商务印书馆2005年版,第70页。

民族从心理层面到物质符号层面上的归属意识，一个民族的特有文化都可能和民族认同问题交织在一起。

民族文化认同的概念相对民族认同要大，不仅对一个民族有归属意识，同时也将这个民族特有文化作为自己民族的象征，从而对这些文化符号与自己的民族尊严、感情体验、民族意识、价值取向联系在一起。因此现实社会中，各民族的特有的文化符号的维持都能够显示出人们的民族认同感，如民族服饰、饮食、宗教等。各个民族都拥有自己认为能体现本民族价值、存在的一些独特的文化因子，使之成为本民族的象征。

由于一个民族的发展历史以及它所处的自然环境和社会环境差异，影响到了一个民族的民族文化认同形成和发展过程，因此每一个民族文化认同的结构是有差异的，不同文化因子对一个民族的文化认同影响也同样是有差异的。例如在很多民族宗教对民族认同形成的影响远远高于其他文化因子，尤其是世界上几个大的宗教的影响。因此考察民族文化认同，需要考察民族文化认同中的构成因子及其影响力，才能真正把握一个民族文化认同的特殊性。与此同时，在人类社会发展的过程中，在不同发展时期所处外部环境也是不同的，对不同民族文化发展的影响也是不同的，各种外来文化对于民族文化认同的构成影响在不同时期都会有较大的差异，因此民族文化认同也总是处于一个不断构建的过程中，尤其是当一个民族所处外部环境发生较大变化的时候，民族文化认同也同样会发生变化。

一个民族的文化认同的形成与其历史发展过程有直接的关系，与这一个民族在历史发展过程中经历的不同境遇，包括自然环境的影响、战争和冲突、历史迁徙、民族融合、文化交流交融相关，这些因素都可能影响到一个民族文化认同的重构。当代人类已经进入了一个前所未有的全球化时代，各种传统意义的民族文化认同都不可避免地受到了全球化的影响，有的在全球化过程被淡化，有的被强化。不同的民族虽然处在不同的社会文化环境中，但是全球化带来了不同民族文化的交流，使人类犹如身处一个文化超市之中，各种文化都得到展示，人们可以在这些展示中对其他民族的文化进行选择，从而导致民族文化认同在这个过程中的重构。①

当然人们对于外来文化也从不理性到理性，尤其是基于自己的文化立场和利益进行选择。人类对的外来文化往往可能有一个盲从的过程，尤其是在全球化的时代人们在面对对外来文化之初往往没有重视自己的文化立场，但是当外来文化对本民族文化产生冲击之后，对外来文化的选择将会变得有立场，在对比之中可能更加强调本民族的文化价值，保护自己民族文化往往成为一种文化权力②，同时民族文化也可以成为本民族发展的资本③。在今天的全球化背景之下，人们一方面受到外来文化的影响，另一方面又可能更加强调自己的民族文化立场和价值，保护自己的民族文化，从而使以民族和地域为基础的民族文化认同和地方性文化认同被强化，形成一个民族文化认同和全球认同两极并行的发展趋势。④ 在当代发展过程中，人们通过保护自己的民族文化价值、强化民族认同来实现对本民族文化的保护，进而争取更多的民族权益，因此今天民族文化认同的强化与一个民族在全球化背景下的

---

① GLOBAL CULTURE/INDIVIDUAL INDENITY: SEARCHING FOR HOE IN THE CULTURAL SUPERMARKET. GORDON MATHEWS. ROUTLEDGE. NEW YORK, 2000, p. 11.

② 薛晓源等主编：《全球化与文化资本》，社会科学文献出版社2005年版，第193页。

③ 同上书，第3页。

④ 郑晓云：《论全球化时代的文化认同》，载《中西文化研究》2009年6月号（总第15期），澳门。

文化觉醒和争取发展权益有密切的关系，有更明确的政治价值取向。民族文化认同在全球化背景以及区域的政治、经济、社会、文化格局整合过程中还将会不断地被强化。但与此同时外来文化的影响不一定会完全受到抵制，而有可能被地方化，融合进当地的民族文化或地方文化之中。① 这一点对很多民族的文化来说都是一种现实，人们在这个过程中认同自己的民族文化，同时也可能吸收外来的文化加以融合。对一个国家来说，将会涉及一个民族的文化认同和国家的认同整合之间的张力，外来文化，尤其是非本国文化对民族文化影响的扩大，将直接影响到国家文化认同的整合进程。

傣泐人是指以今天居住在中国云南省西双版纳为主的一个傣族支系，也是傣族最大的支系，傣泐人过去也被称为"摆彝""水摆彝"等，今天除广泛分布在云南外，还分布在越南、老挝、泰国、缅甸等国家，这其中以泰国、老挝、缅甸最多，人口总数达300万人左右，境外的傣泐人人口总数超过中国傣泐人。不论是生活在中国还是国外的傣泐人，都有自己的方言、居住、服饰、宗教、社会习俗等特征，因此从很多文化习俗上，如语言、服饰上都可以识别出傣泐人。②

今天在泰国北部以及老挝、缅甸、越南等地居住着的数以百万计的傣泐人都与云南傣族有着直接民族渊源关系，至今仍然保持着广泛的交往。泰国北部傣泐人③在历史上的不同时期（自18世

---

① S. H. H、P. L. B、康敬贻等译：《全球化的文化动力——当今世界的文化多样性》，新华出版社2004年版，第11页。

② TAI GROUPS OF THAILAND. Volume 2. Joachin Schliesinger. White Lotus Press, Bangkok, p. 72.

③ 在境外泐人总体被称为"泰泐人"，但至今泰国当地人仍然使用"傣泐"为自称，因此在本书中统一使用"傣泐"。

纪至20世纪五六十年代）从云南迁徙到泰国北部定居①，今天在泰国社会中生存的状态有较大的差异，绝大多数是泰国公民，但有的甚至还是难民身份。在今天的社会环境中，泰国经济发展平稳、社会总体稳定、周边国家形势呈现出和平与发展的态势，同时泰国开放程度高，受全球化影响大，对当地的傣泐人社会产生了广泛的影响。过去由于担心受到社会歧视，当地的傣泐人对外也不公开宣称自己是泐人，而是讲标准的泰国语，穿着泰国服装，仅在自己的社区内保持着泐人传统，讲泐人的语言，也因为如此其传统文化也在消失。由于傣泐人在泰国是一个移民少数民族，完全融入泰民族的过程是在20世纪80年代才完成的。在20世纪80年代以后，傣泐人开始注重公开保护自己的文化传统与遗产，外界包括泰国教育部也鼓励泐人保护自己的传统文化，从而开始了一个傣泐人文化复兴过程，人们对自己的民族起源也开始充满自豪感，傣泐人文化的复兴对泰国北部到其他地区及至周边国家都产生了影响。② 不同的生存状态使傣泐人要通过强化文化认同来增强民族凝聚力及获取更多的社会、政治利益。近年来泰国不同支系泰人的文化都受到了国家文化整合的影响，本民族文化正在逐渐消失。为了保持自己的文化独立性及在泰国社会中的生存能力与凝聚力，傣泐人开展了一系列的文化复兴运动，强化自己的民族文化认同，以此来争取自己的政治和社会地位。其中强化对祖籍的文化认同是重要的内容，并与中国的傣族人民开展了频繁的交往。这一方面使傣泐人的文化认同发生很大的变化，另一方面由于这种变化和中国的傣族有直接的关系，因此也有可能影响

---

① The Origins and Habitats of the Thai Peoples with a Sketch of Their Material and Spiritual Culture. By Major Eric Seidenfaden. THE SOCITY，1967，BANGKOK，p. 25.

② TAI GROUPS OF THAILAND. Volume 2. Joachin Schliesinger. White Lotus Press, Bangkok，p. 73.

到中国的傣族社会。因此在今天深入认识泰国社会中傣泐人的社会、经济状况及文化发展的现实，尤其是傣泐人文化认同的新的构建过程、趋势以及文化认同的变化对中国傣族社会的影响，中国傣族的文化认同和泰国北部傣泐人的文化认同的关联性影响，对于我们把握这一地区的社会情势，用其中的有利因素，积极地促进中国境内的傣族人民和境外的傣泐人之间的友好交往，防范来自境外的不利的文化影响，创新当代的边疆社会管理都有十分重要的作用。但目前我们对于泰国的傣泐人的状况了解仍然十分有限，尤其是对其社会、经济与文化历史与现状的具体情况了解不足，对我们推动这一区域的合作发展产生了制约。

傣泐人（Lu Lue Lu）是操原始侗台语（壮傣语支或台语支）语言的傣泰族群之一，在中国主要聚居在云南省南端的西双版纳傣族自治州境内，其他也广泛分布在临沧、普洱、德宏、红河等州市。由于历史迁徙的原因，目前也分布在老挝、泰国北部及缅甸东北部。西双版纳傣族自治州的西南部与缅甸掸邦景栋省接壤，南部与老挝人民民主共和国的南塔省和丰沙里省接壤。傣泐人使用的语言与傣泰族群诸语言（如泰阮语、泰艮语、泰雅语、傣语等）相同，仅仅是方言的区别。[①]

在历史上，云南南部地区，尤其是西双版纳、德宏等傣族聚居区，与泰国北部地区就有较深的社会与民族渊源关系。泰国北部中国古籍称为"八百媳妇国"，即当地的兰那王国，是一个以今天清迈府为中心的地方王国，其辖治与文化影响覆盖了整个泰国北部。元朝时被元军征服并设立地方政权机构进行治理。在明朝嘉靖三十五年，这一地区被强大起来的缅甸东吁王朝占领，从此从

[①] INTRODUCTION TO TAI-KADAI PEOPLE. Edited and Published by Institute of Language and Culture for Rural Development, Mahidol University, 1998, p.19.

中国版图中分裂出去。① 正是这种历史关系，使云南南部地区与泰国北部地区很早就有紧密的关系，也促进了这一个区域内人员的流动、民族的迁移。

在历史典籍记载中，西双版纳勐泐王国与泰北兰那王国有着十分密切的联系。从贵族统治阶层的血脉和政治联姻，到两地人民的自由迁徙和互市往来，有着兄弟城邦的美好赞誉，两个地方互为藩属。在泰国北部的芒莱王（召芒莱）王朝时期、杰敦王（召杰敦）王朝时期或称"拣菜入篮，掠人入城"政策时期，这两个时期是傣泐族群进入兰那王国人数最多的阶段。无论是自发迁徙前往，还是战争掳劫形式，都导致了兰那王国疆域内大量出现傣泐人居住的城邑。

因此泰国北部的傣泐人的祖先基本都是在历史上从中国的云南迁移到泰国北部的，较早的移民至今有500余年的历史，傣泐人大规模迁徙发生在过去200余年。傣泐人的祖先从云南迁移到泰国北部的原因主要是因为战争，在过去200年历史中，缅甸人曾经多次占领泰国北部，同时也以此为基地入侵西双版纳地区，大量掳掠人口前往泰国北部。在明朝末年和清初，由于中国内地的不断的战乱，也迫使大批西双版纳傣族人移到泰国北部。由于这种历史原因，形成了这一个地区一个大的傣泰族群居住区域。这个区包括了中国的西双版纳、临沧、德宏，以及相邻地区的缅甸的景栋，老挝的孟欣和泰国北部，形成一个傣泰民族文化圈。② 由此也开始了一个在这个区域内人们社会经济文化的相互交流和相互影响的局面。中国的傣族向泰国北部以及老挝、缅甸等傣族地区的迁徙，

---

① 江应樑：《傣族史》，四川民族出版社1983年版，第205页。
② 参阅郑晓云《傣泰民族起源与傣泰民族文化圈的形成新探》，《云南社会科学》2005年第3期。

200 年以来到 20 世纪的五六十年代一直没有停止过，形成了人们基于这种迁徙形成的巨大的亲缘网络。这个区域至今仍被公认为傣泰民族的传统居住区，人们认为这个居住地区是傣泰民族的传统家园，人们在这个家园之内可以自由流动，当然也形成了人们之间的相互认同感，形成了傣泰民族在这个大的居住区域内的民族认同和文化认同。这种民族文化认同感在今天仍然存在着，并且对人们的社会文化交往产生着重要的影响。更为重要的是，傣泰民族在历史上是一个频繁迁徙的民族，不仅从云南迁移到泰国北部，同时也迁徙到越南北部、缅甸东北部和印度的阿萨姆等地区，今天形成一个跨越多国的傣泰民族居住带，形成更为巨大的傣泰民族文化圈，在这个文化圈内人们同样有相互之间的民族认同和文化认同。

泰国北部的傣泐人今天广泛地分布在泰国北部的难府、帕腰、南邦、清迈等府。主要包括了傣泐人和傣勇人①两个部分。泰国的傣泐人今天已经融入泰国的社会中。他们是当地的土著民族之一，有泰国的国民身份，享受泰国的国民待遇，接受泰国统一的国民教育。在今天泰国的傣泐人基本已经本土化，但是由于傣泐人自过去迁移到泰国北部至今都有相应的居住区域，所以至今仍然保持着傣泐人的村子，保持着文化认同、传统的宗教和很多文化习俗。在傣泐人的村子中至今仍然使用傣泐语言并在一定程度上使用传统的文字，因此今天傣泐人不论从历史记忆、民族认同和文化认同到文化习俗都还维持着自己作为傣泐人的身份和传统，与其他傣泰民族族群的支系有着明显的区别。他们仍然保留着傣泐人的诸多文化传统，包括按照傣族人的村子集中居住、使用傣泐人的语言和文字、崇拜自己的祖先、保持自己的宗教传统、保持

---

① 傣勇人是历史上从西双版纳先迁到猛勇，然后再迁徙到泰国北部的傣泐人。

傣泐人的服饰特征和饮食文化习俗等，这些传统都成为当地的傣泐人区别于其他傣泰民族支系的重要特征，也成为傣泐人文化认同的重要载体。

泰国傣泐人文化传统的构建过程有较多的特殊性。泰国有国家的文化传统，同时也有地域文化。对于泰国北部的居民来说，最重要的地域文化是兰那文化。这个区域在过去的700年中存在着一个地方王国——兰那王国。兰那王国的文化自成一统，对当地的文化产生了深远的影响。[①]傣泐人在迁移到泰国北部以后，同样也受到兰那文化的深刻影响，接受了兰那文化。随着泰国国家文化的一体化进程，泰国以曼谷文化为代表的国家文化对泰国北部的影响不断扩大，包括了对当代文化的影响，例如通过现代教育推行的国家标准语言和文字等。对于傣泐人来说，他们文化传统的构建过程包括多个层面，既包括了傣族人自己的文化传统，也包括泰国北部的兰那文化传统以及泰国的国家文化，在今天也广泛受到外来文化的影响。因此在今天泰国的傣泐人文化认同在结构上也是多层面的，甚至表现出了比其他当地很多民族更为复杂的文化认同现象。傣泐人作为泰国的公民，通过社会、文化、教育的融合，对自己的国家身份有明确的认同，同时也对国家文化有认同，接受了泰国的国家主体文化，但与此同时又保持着传统的民族文化认同。泰国傣泐人传统的文化认同包括了两个层次，一个层次是对兰那文化的认同，另外一个层次是傣泐人自己的文化认同。

事实上在今天的傣泐人社会中，文化认同结构之间的关系不仅十分复杂，文化认同结构之间的冲突和调适也同样是非常复杂的，同时也随着社会内部和外部环境的变化在进行不断地重新构建。

[①] 宋迈·普拉奇、安派·朵雷合：《兰那十二个月的传统》第一章，云南民族出版社2001年版。

作为泰国的公民，今天傣泐人的主体在泰国已经居住了两个世纪，虽然他们保持着本民族的文化认同和祖先记忆，但是他们很容易融入泰国的国家主体文化之中。自 20 世纪 50 年代末以来随着泰国社会的开放，尤其是泰国北部社会开放，国家的教育、文化、社会等各项事业的推进，当代的全球化影响等，泰国国家主体文化的影响力不断增大，地方文化的影响力相应在弱化，尤其是青年一代对于当地文化的知识越来越少，在语言和文字应用、文化感受上基本是受国家主体文化的影响，从而也形成了和国家主体文化的融合进程中一致的趋势。[①] 在今天的国家文化融合进程中，兰那文化对于傣泐人来说已经没有明显的重要性，因为兰那文化作为泰国北部一种重要的地方文化也正在融入国家主体文化中，同时它对于傣泐人保持自己的传统文化认同并没有重要的意义。傣泐人自己的民族传统文化认同仍然有十分重要的意义，并且在新的形势发展中显示出特殊的作用。傣泐人的传统文化认同包括了自己原有的各种文化要素，尤其是对祖先的认同。由于这种民族文化认同的存在，对维系傣泐人在泰国北部的社会团结、保护民族文化、争取政治权益起到了积极的作用。

在今天随着形势的发展，傣泐人对本民族认同的因子中得到强化的是对祖先的认同，尤其是对祖籍地的认同感，这一点是最近几十年来出现的一个鲜明的特点。傣泐人近年来被强化的祖籍地认同，事实上就是他们的发源地——中国云南省傣族地区的认同，尤其是西双版纳的认同感。这种认同感的增强有复杂的原因。一方面是随着社会的开放、社会交往的便捷性使泰国的傣泐人和云南的傣族人们之间的往来不断增多，越来越多的泰国傣泐人回到

---

① 参阅郑晓云《全球化背景下的中国与东南亚傣泰民族文化》，民族出版社 2008 年版。

祖先的故乡寻根问祖，旅游观光，强化了自己发源地的认同；另一个方面在泰国国家文化影响日趋强大的今天，为了争取保持自己的民族文化独立性，争取更多的政治权益，甚至是发展旅游业的需要，人们要保持和增强自己的传统文化认同，这一切都是泰国傣泐人的社会精英和年长的一代人期望维系本民族文化认同的重要原因。因此近年来在泰国傣泐人中的很多精英人士推动了傣泐人的文化复兴运动，通过开展文化活动、各地傣泐人的文化联络、传统手工艺品生产等活动，积极推动傣泐人文化的保护和传承，挖掘传统文化。各地的傣泐人也积极地保护自己的传统文化，傣泐人在泰国各地的联系不断加强，文化意识不断被强化。

云南省作为傣泐人的发源地，当地傣族人的文化认同和境外，尤其是泰国北部傣泐人的文化认同有较大的差异，但是又有非常特殊的社会历史背景中的相互联系，尤其是拥有共同的民族认同。在历史上，大量的傣族人从云南迁移到老挝和泰国北部，这种迁移一直到20世纪60年代都还存在。在历史上一旦西双版纳等地发生战乱或者社会不安定，人们就会集体迁移到境外寻找自己的亲戚或者新的居住地方，直至20世纪五六十年代，由于中国境内不断的政治运动所造成的边境地区社会动荡，导致了很多傣族人非法迁移到境外。如上所述，在历史上由于迁移几百年来已经形成了一个包括中国、老挝、缅甸、泰国北部、越南和印度等国家的部分地区构成的傣泰民族居住区域和文化圈，构成了傣泰民族人民共同认同的居住家园，由于这种特殊的历史背景的影响，造成了人们对于共同的居住区域的认同感，在人们的心目中不论居住在哪一个国家，傣泰民族总有一个共同的家园存在。因此在历史上，对这一家园的认同感对于居住在各个国家的傣泰民族人民来说强于对居住国的认同，也就是民族认同和对于居住区域的认同高于国家认同，这是一个客观的历史现象。尤其是20世纪50年代后期到 70 年代末，相对中国境内几十年不断的政治动乱及其对各民族文化的摧残和宗教的禁锢，经济发展欣欣向荣、宗教信仰自由的泰国自然成为人们心目中的美好家园，因此人们对泰国更加向往，甚至有较强的认同感，对泰国的很多文化因子，包括服装、饮食、歌舞，尤其是宗教都有较强的认同感，并且加以引进和模仿，泰国的服装成为傣族妇女热衷的款式，很多农村将自己的古老的寺庙拆除以后建成泰国北部的样式，很多傣族青年到泰国北部去学习宗教，到今天这种模仿还没有结束。因此泰国北部的傣泐人的文化对于今天的中国傣族，尤其是西双版纳傣族来说影响仍然是非常大的。这就形成另一个会更重要的现象，泰国北部的傣泐人对自己的发源地有着越来越强烈的认同感，这是一种祖籍地的认同感和自己民族文化渊源的文化认同，这种认同感的增加对保持当地的民族文化传统、增加傣泐人社会的凝聚力和团结，对本民族在当地能够长期生存下去而不被融合到其他民族文化中有重要的作用。而云南的傣族人民对于泰国傣泐人文化的认同，出自共同的民族渊源和文化上的向往。这两种相互之间的民族和文化认同，一方面来自以共同的民族渊源关系，另一方面是由于各自不同的居住国的政治、经济、文化环境所造成的。但是不论如何相互之间存在着较强的影响力，构成了十分特殊和复杂的文化认同景况。这种景况在未来的社会经济文化的互动之中还会显得更为复杂。

从中国方面的傣族人来说，泰国北部傣泐人的发展变化状况，文化认同的重构、文化复兴运动，都会对中国傣族产生不可避免的影响，这也是一种看得到的现实。因此在今天我们深入研究泰国北部傣泐人的社会经济文化状况，研究傣泐人文化认同形成的背景、结构、特征和重构的趋势，傣泐人的文化和中国傣族文化在当代的互动关系，文化认同上的相互影响，作为一项学术上的开拓性研究不仅有重要的学术价值，也有较大的现实意义，成为我们认识边疆民族地区基本国情的重要切入点。

然而在今天，中国国内对泰国傣泐人的基本状况了解并不多，尤其是其今天的社会、经济、文化发展状况，由于缺少实地调查研究及文献的翻译，基本没有对境外傣泐人的系统了解。然而近年来境内外傣泐人之间的社会、经济、文化交往不断扩大，相互之间的影响不断提升。本项研究重点要达到的目的就是要通过研究全面深入把握泰国北部傣泐人历史、文化及发展现状，以及基于这些特征之上形成的族别文化认同，进而探讨其对中国傣族的影响，宏观把握这种影响的发展势态。

本项研究是一项基于人类学方法的研究，通过田野研究方法以及文献研究获得资料。为了获得第一手的鲜活资料，本项研究主要基于田野研究，以弥补国内对泰国傣泐人现况了解的不足。自本项目立项以后笔者先后十余次前往泰国北部进行实地专题调查研究，在泰国的合作单位西北大学的安排下前往泰国北部的帕腰、难府、清盛、清迈等府的农村进行实地调查研究，先后调研了17个村子。在农村中和村子里的负责人、有声望的老年人、一些对社会文化有研究的当地人士进行访谈座谈。在当地傣泐人的村子由于语言与西双版纳相通，课题组成员通晓西双版纳语言和文化，带来研究的方便与可靠。尤其是泰国西北大学的娜达蓬教授全程参与了调查研究，使调查研究顺利并且富有成效。

关于泰国北部傣泰民族的田野研究对于中国学术界来说是一项开拓性的研究。中国学者在这个项目之前从来没有过这样大规模、系统地对泰国傣泐人的田野调查研究。笔者长期研究傣泰民族的历史和文化，对中国的傣族有长期深入扎实的研究。自1986年第一次前往泰国北部进行调研以来，至今先后50多次前往泰国进行学术活动，其中大多数是在泰国北部进行调查研究，掌握了大量的第一手资料。在此之前承担国家社会科学基金研究项目《全球化背景下的中国云南和东南亚傣泰民族文化多样性比较研究》的开展和相关成果的取得,也为这项研究奠定了扎实的研究基础,尤其是在长期的田野研究过程中对几个有代表性的傣泐人村子的跟踪研究所提供的研究资料最有价值。因此除了因本项研究课题的开展而进行的专题调查研究之外,其他前往泰国北部的研究活动也为这项目研究提供了相关的资料。来自于田野调查的扎实的第一手资料,是准确把握泰国傣泐人历史变迁、今天的生存状况和文化认同状况的重要基础。而对泰国北部傣泐人文化认同的历史特征、现状及其文化复兴的揭示,是这项研究的重心。

第二章　泰国傣泐人与中国傣族历史关系

今天居住在泰国的傣泐人是历史上从中国迁徙到泰国的。事实上不仅傣泐人，傣泐人祖先的文化更早更深远地影响了泰国社会，是今天泰国主体文化的重要基础构成要素。因此了解泰国社会中傣泰人族群的迁徙历史，对于我们了解今天傣泐人的文化认同形成及相互影响是非常重的。

第一节　泰国北部泰人的历史

一　泰国北部泰人的早期历史

泰国是奉行单一民族的国家，不承认多民族。泰国国民统称泰族（THAI），但是泰国泰族的概念与我们一般所称的泰人（TAI）是不一样的。在泰国，构成一个国家民族的泰族的种族有多个，包括了泰人、华人、马来人，也包括北部山区的佤、拉祜、苗等山民。因此，泰国是一个以泰文化为纽带融合而成的国家①，泰人仅仅是泰国的一个种族。

---

① 泰国学者黎道刚先生认为泰国泰族是一个泰文化体，文化的影响比血缘的影响大（2001年10月19日在云南省社会科学院的演讲）。

第二章 泰国傣泐人与中国傣族历史关系

泰国的泰人主要分布在泰国北部及东北部，如夜丰颂、清莱、清迈、南邦、南奔、帕腰等十余个府。泰国泰人中最大的一支是泰元人（TAI YUAN）（意为"大泰人"），其他还有泰泐、泰雅、泰赊（黑泰）等，其中泰元、泰泐（TAI LUE，自称傣泐）分布最广。以泰文化为纽带的现代泰国的形成与泰人的迁徙有直接关系，也就是说泰人的迁入及泰文化的传播缔造了现代意义上的泰国文化。

泰人最早在何时迁入今天的泰国，由于没有明确的文献记载而难以考证，因此中外都没有定论。大规模迁入并且在当地产生广泛影响是在11世纪之后，在随后的数百年间，大量的不同支系的泰人迁入并定居于泰国，但在此之前也肯定有一些泰人先民已进入今天的泰国北部居住。泰北的文献记载在公元1150年靠近南奔的滨河（PING RIVER）岸边曾出现了一个泰人的村子。在此之后的200年间有一些泰人渐渐开始自北方及东部方向进入泰北的兰那境内。①

要了解泰人大规模迁入泰国的历史，有必要了解泰国北部的历史。泰国北部出现的第一个以泰人为主体建立的王国——兰那王国（LANNA），中国史书称为"八百媳妇国"。

兰那的历史较早，八百媳妇国的开始一般以当地传奇性的王子坤真的政权为标志，开始于公元1135年②，而在此之前兰那的主体居民是南亚语系民族的拉佤人（LAWA）。早期的文明集中在今

---

① 汉斯·奔它：《兰那简史：泰国北部的文明》 *A BRIFE HISTORY OF LAN NA: CIVILIZATION OF NORTH THAILAND*, p. 38. BY HANS PENTH, O. S. PRINTING HOUSE, 2000, THAILAND。

② 宋迈·普拉奇、安派·朵雷：《兰那十二个月的传统》第一章。SOMMAI PREMCHIT and AMPHAY DORE: THE LAN NAN TWELVE—MONTH TRADITIONS, 1992。

天的南奔（LAMPHUN）一带。约在公元750年，当地人邀请位于今天泰国中部的罗布里（LOP BURI）国王的公主前来做建立于南奔新城的管理者，而罗布里王国是孟人（MON）建立的王国德瓦拉瓦蒂（DVARAVATI）的一部分，因此当公主带着一批包括僧人在内的随员到达南奔时，也随时之带来了孟人的精神与物质文化。孟人的宗教里是融合了大乘佛教的，因此大乘佛教也传入了这一地区。从此实质上南奔与南邦组成的一个城邦国家也就在孟人的统治之下，成了其附属国。在公元1005年以后，罗布里成了高棉人的附属国，高棉文化开始影响到南奔。后南奔与罗布里曾发生多次战争，在1200年之后由于高棉人势力的减退，南奔城邦才作为一个独立的地方王国，在被泰人占领之前存在了几十年。

1263年，与西双版纳勐泐王有亲戚关系的茫莱王在清莱建立了"茫莱王之城"，随后占领了南奔。1296年4月12日，茫莱王建立了清迈新城，至1350年清迈基本控制了兰那地区，比孟人的南奔—南邦城邦控制的范围还要大得多，泰人在兰那取代了孟人的统治，泰文化也渐渐取代孟—高棉文化成为兰那的主流文化。

茫莱王是傣泰民族传说中的传奇英雄，也是西双版纳第一个国王叭真（泰国称坤真）的后人。据西双版纳的《泐史》记载，叭真建立了西双版纳的景龙国，并在1180年到1200年间执政21年。在叭真执政期间，景龙国势力十分强大，兰那国、勐交国（今越南北部）、勐老国（今老挝琅勃拉邦）、南掸邦等一些小国都置于景龙国的统治之下。

传说叭真的六世孙建立了兰那王国。[①] 他是兰那王、勐交（今

---

① 泰国《庸那迦记年》，云南省社会科学院东南亚研究所翻译印本。

天越南西北部）王、勐老（老挝）王等傣泰人王国国王的祖先。据傣族文献记载，叭真有四个儿子，分别分封管理勐南掌（老挝）及兰那（清迈）、勐交（越南北部）、勐景洪（西双版纳）①，从傣泰人迁徙的历史来看，这种事实是成立的，因为今天的研究已证明了这些地区的大多数泰人的祖先都是来自西双版纳。1996年4月笔者曾作为特邀贵宾参加清迈建城700周年庆典活动及学术研讨会，在这个过程中接触过很多泰国及缅甸、老挝等国的学者与官员，很多人都说兰那城的创始人来自于西双版纳，甚至有人说兰那的宗祖是西双版纳，西双版纳王室是大王室，兰那王室是小王室。当时笔者听到这些说法不免还有些惊讶，但今天以历史的态度来审视这一切则基本都是事实。

  与这段历史相对应的就是泰人在兰那地区的迁移与壮大了。泰北的泰人的主要支系是泰元人（TAI YUAN）。泰元人不仅居住在泰国北部，在缅甸、老挝也有分布。据西双版纳傣族的文献记载，泰元人是汉以后从滇中迁徙到今元江一带，在元江流域居住了很长时期再向南迁的。依笔者的看法，泰元人是沿着红河向南迁徙的，他们到达今天越南北部、老挝北部后，再进入今天的西双版纳，其当时的首领就是叭真。叭真在西双版纳建立了景龙国并任第一任国王"召片领"，意为广大地的统治者。据《泐史》记载，叭真任景龙泐国召片领始于1180年，据有老挝血统的法国学者安派·朵雷对傣泰民族的历史、传统、宗教仪式、民俗学资料的全面研究，叭真其人确实存在并且其政权在公元1135年就已存在于兰那北部，曾经征服过老挝的琅勃拉邦。② 这在叭真进入西双版纳

---

  ① 刀永明、康朗庄译：《车里宣慰世系》，载《车里宣慰世系集解》，云南民族出版社1989年版。
  ② 宋迈·普拉奇、安派·朵雷合：《兰那十二个月的传统》第一章。SOMMAI PREM-CHIT and AMPHAY DORE：THE LAN NAN TWELVE—MONTH TRADITIONS，1992。

之前。

在傣泰民族史上有一个较大的谜，就是为什么西双版纳的景龙国能成为包括今天越南西北部、老挝、泰国北部在内的一系列泰人地方政权的宗主国。实际上在叭真进入西双版纳之前，在迁徙过程中作为首领已经占领了越南西北部、老挝北部，在这些地区有了根基。傣族文献及传说中的叭真并非西双版纳本地人，而是追赶金鹿从老挝进入西双版纳并成为西双版纳统治者的。在此之前西双版纳当地的傣族先民是泐人。与此同时，已分布于老挝北部的泰元人继续南迁，进入泰国北部的兰那地区，这一切不仅与傣泰民族的种种历史传说相吻合，而且与西双版纳景龙政权为什么能成为周边诸多泰人小国宗主相吻合，这就解开了这一长期困扰学术界的谜。在傣族的历史记载中，并没有叭真攻占兰那的记载，但是他却能成为兰那国的宗主，兰那泰人的历史传说中也把叭真作为创始的英雄，他的几个儿子能够成为一系列地方王国的领主，原因就在于他进入西双版纳并建立景龙国以前，事实上已成为威震四方的英雄。其次，兰那泰人最早的主体是泰元人，而西双版纳的主体是泐人，西双版纳泐人向兰那地区大量迁移是后面的事，为什么在同一宗主下两个地方的人不一样，原因也同样在此。

随着兰那王国的建立与孟人统治的结束，兰那在14世纪中到15世纪初迎来了黄金时期，政治与军事势力强大，在锡兰佛教影响下的兰那文化发展达到了鼎盛时期。泰人建立的兰那王国的强大，使泰文化不仅在当地取代了孟人的文化成为主流文化，也向四周的扩散，尤其是锡兰佛教，即南传上座部佛教及其文化，传播到了老挝北部、缅甸的掸邦东部及西双版纳，深远的影响一直持续到今天，形成了一个南传上座部佛教圈。

二 元朝以后傣泐人的迁徙

中国中央政府对兰那的明确治理始于元朝。元军在 1292 年攻占景洪，控制了西双版纳地区，进而最终控制了包括兰那在内的广大的傣泰人地方，先后设立车里总管府及八百宣慰司（1327年）。在此之前元朝军队曾多次征伐兰那，兰那也曾多次反叛，这些过程是傣族先人出现大规模流动的重要原因，元军在征伐兰那的过程中也曾征用西双版纳的傣泐人运输军需甚至直接参战。自此至明嘉靖三十五年（1556年）的 200 余年间，西双版纳与兰那地区都处于元中央政府的管辖之下，相对和平的环境中，人们可以自由迁徙。因此不仅有傣泐人迁入兰那，同样也有兰那人迁入西双版纳。

明嘉靖三十五年（1556年），由于兰那政权内部的内乱并加之明朝国力的减弱，缅甸东吁王朝攻占景迈（今清迈），中国政府永远失去了对兰那的控制权，兰那也置于缅甸的统治之下长达 200 年。在此期间，缅甸统治者在兰那地区实施的是暴政，迫使当地人民四处逃散，大批躲进森林。因此这一时期有很多当地居民逃到西双版纳。缅甸东吁王朝并不止于占领兰那，在此之后还不断地向四周扩张，甚至雇用葡萄牙人，不断侵犯云南傣族地区。由于兰那当地人外逃而变得人口稀少，缅甸军队发动了多次以掳掠人口为目的战争，曾攻破西双版纳，将大批当地傣泐人掳到兰那，这就是今天大量源于西双版纳的傣泐人居住于泰北的重要原因。1774 年缅甸人在清迈的统治结束，随后的几十年内，由于地广人稀，大批泰掸人、傣泐人等从缅甸北部及西双版纳等地迁入泰北地区，兰那开始进入一个新的发展时期。因此缅甸人统治兰那时期及随后，是西双版纳地区傣泐等人大量迁入泰北兰那地区的时期。1986 年及随后笔者数次在访问清迈时，与对兰那历史有较深研究的清迈名坤盖西先生交谈，他说清迈泰人中大部分都是当年缅甸人从西双版纳掳掠来的傣泐人的后代，甚至说清迈人就是西双版纳人，他本人的祖先也来自西双版纳。笔者在泰北的清迈、清盛、帕腰、南奔等府访问了很多傣泐人的村子，他们的历史都在一二百年，不少村子的人们现在还与西双版纳来来往往走亲戚。

难府是傣泐人迁徙定居最多的一个府，尤其在难府北部与老挝接壤的地区。傣泐人进入泰国难府有200多年的历史。在泰国茫莱王（召茫莱）王朝时期、杰敦王（召杰敦）王朝时期或称"拣菜入篮，掠人入城"政策时期，这两个时期是傣泐族群进入兰那王国人数最多的阶段。无论是自发迁徙前往，还是战争掳劫形式，都导致了兰那王国疆域内大量出现傣泐人居住的城邑。1805年，难国国王出兵攻打西双版纳，俘虏西双版纳国王和贵族押送至曼谷。1812年，难国国王将西双版纳勐腊、勐捧、景宽的6000多傣泐人掳劫到难府。1850—1854年的难国连同曼谷泰人义军发动"缅甸景栋战争"，导致大量的傣泐贵族和平民被俘虏到兰那的土地上。这一段历史我们将在后面详细加以论述。

泰人迁入的另一条重要路线是缅甸北部。在公元6世纪以后泰人从云南迁入缅甸，并沿着瑞丽江岸定居下来。至10世纪以后已壮大起来并建立了泰人的国家勐卯龙国，至14世纪达到强盛的顶峰。自11世纪后勐卯龙军队便向四周扩张，也包括了今天的泰国西北部，这一扩张也必然导致泰人大量进入泰国北部，这在缅甸文献中有记载。自此之后，缅甸各王朝都有占有泰北的野心，与兰那王国不断发生战事，在1556年从中国明政府手中夺占了兰那，统治兰那长达200年。在这个过程中，由于统治的需要及当地人外逃造成的人口稀少，大批缅甸泰人从掸邦东部被迁移到兰那，因此今天在兰那有很多泰人都认定是从缅甸迁来的，包括很多泰元人。他们的祖先从云南西部迁到缅甸，然后因为战争而迁入泰国北部。今年居住在南邦的居民有 40 万人，这里的主体民族主要是傣勇人。这里的傣勇人是在历史上从今年的缅甸东北部的勐勇地区迁移到这里的。在历史上由于战乱的原因，大批的傣泐人从西双版纳迁移到这一地区，形成了一个以傣泐人为主体居民的勐勇城。然而历史上的勐勇城不断受到缅甸和泰国清迈地方政权的争夺。历史文献记载自 1805 年起由于战争的原因，大批勐勇地区的傣泐人整村被占领者强行迁徙到今天的南邦，生息繁衍到今天。① 由于他们来自勐勇地区，因此当地人被称为傣勇人，但他们仍然保持自己的傣泐人祖先认同以及傣泐人的语言，在泰国北部虽然他们不像其他傣泐人被其他民族称为傣泐人，而是被直接称为傣勇人，但是他们的认同、历史记忆和语言与当地的傣泐人是一致的。从这个例子中可以看到傣泐人在历史上向泰国北部迁移规模之大。

居住在泰国北部的傣泐人由于特殊的迁徙历史，对其文化认同产生了深远的影响，民族的文化和迁徙的历史成为傣泐人认同的重要构成基础。在今天特殊的迁徙历史对傣泐人的文化认同仍然产生着广泛而深远的影响。

第二节 泰国兰那傣泐人的历史与文化变迁

一 兰那傣泐人与云南的历史渊源

傣泐人起源于中国云南省的西双版纳傣族自治州。傣泰民族把这个地区称为西双版纳，它的字面意思是"十二千田"，但在这

---

① ［泰］昆尼：《从勐勇到南奔：1805—2008》，泰国清迈大学出版社 2005 年版。

里,"版纳"(Panna)引申指一种地理行政区划。"版纳"制度始建于 1570 年,是年,时任傣王"召片领"的刀应勐(Thao In muang)创建了这种行政区划制度。刀应勐总共建有 12 个"版纳",它们隶属豪版纳(Khao Panna),豪版纳是最大的城市,它统领着周边的城市和集镇。当时,十二"版纳"以湄公河为界,5 个"版纳"位于东岸,6 个位于西岸,另外一个"版纳"为十二"版纳"之首——景洪。12 个"版纳"各自管辖以下各勐(城市、地区):①

1. 景洪"版纳"管辖有景洪(Chiang Hung/Chiang Rung)、勐养(Muang Yang)、勐罕(Muang Ham)和勐哈(Muang Ha);

2. 勐遮(Muang Jae)"版纳"管辖有勐遮(Muang Jae)、西勐曼(Muang Mang)、景娄(Chiang Lou)和勐汶(Muang Ong);

3. 勐峦(Muang Luang)"版纳";

4. 勐混(Muang Hun)"版纳"管辖有勐混(Muang Hun)、勐般(Muang Pan)和景卢(Chiang Loo);

5. 勐海(Muang Hai)"版纳"管辖有勐海和景真(Chiang Choeng);

6. 勐崖(Muang Ngad)"版纳"管辖有勐崖、勐坎(Muang Khang)和勐旺(Muang Wang);

7. 勐腊(Muang La)"版纳"管辖有勐腊和勐版(Muang Ban);

8. 勐兴(Muang Hing)"版纳"管辖有勐兴和勐棒(Muang

---

① Ratanaporn Sethakul, *Ha Muang Wan Tok Hok Muang Wan Ook Khong*:*Sipsong Panna Kon Kan Pleanpleng Kan Pokkhrong*, 1950, Kansuksa Watthanatham Chon Chat Thai (Krungthaep:Khruru Sapha, 1995), p. 135.

Bang）；

9. 勐景泐（Muang Chiang Nue）"版纳"管辖有景泐和勐拉（Muang La）；

10. 勐捧（Muang Phong）"版纳"管辖有勐捧、东勐曼（Muang Mang）和勐润（Muang Yuan）；

11. 勐乌泐（Muang U Nue）"版纳"管辖有勐乌泐和勐乌傣（Muang U Tai）；

12. 勐景统（Muang Chiang Thong）"版纳"管辖有景统、易武（I Ngu）和依邦（I Pang）。

历史上的西双版纳与兰那以及东南亚其他傣泰民族邦国保持着姊妹邦国（Ban Phi Muang Nong）的友好关系。公元1160年，西双版纳的开国君王叭真（Phaya Choeng）定都景洪，从此拉开了西双版纳王国的序幕。[①] 叭真建立的政权统治西双版纳直到20世纪50年代。臣属西双版纳王国的各个"版纳"高度自治，高度的地方自治削弱了身居景洪的傣王的实力，这是西双版纳政权不同于兰那政权的地方。当时，西双版纳的傣泐人城市由召勐（Chao Muang，地方官）治理，这些召勐与身居景洪的傣王都有不同程度的亲缘关系。[②]

二　兰那与西双版纳的历史渊源

西双版纳不仅是一个政治体，也是一个宽泛的文化区域。在过去西双版纳并没有明确的政治边界。当时，傣泰民族和其他民族

[①] Renu Wichasin, *Cheu Khrue Chao Saenwi Sipsong Panna*.

[②] Yanyong Chiranakorn and Ratanaporn Sethakul, *History of Sipsong Panna*, Bangkok, Sangsan, 2009.

在中南半岛各地定居，形成了村庄和城市。各地头人负责招募百姓，增加人口，以建立自己的邦国，不断壮大实力。公元13世纪的西双版纳是一个幅员辽阔的联邦政权，当时版纳傣王的管辖区域延伸到今日的缅甸和老挝境内，缅甸与老挝的部分勐历史上臣属版纳王。当时，湄公河沿岸分布有大量傣泐人城市。湄公河沿岸地区按通航情况可以分为三个区域，上游是湄公河河谷地区，它覆盖云贵高原南部的山区、老挝北部、缅甸东掸邦以及泰国北部各府。湄公河下游平原覆盖老挝中南部以及泰国东北部的伊桑高原（Isaan Plateau）。湄公河三角洲起于老挝境内的孔恩瀑布（the Khone Falls），终于湄公河入海口，它覆盖了柬埔寨全境和越南南部。19世纪早期，美国传教士William Cliftan Dodd广泛游历了傣泰民族生活的地区，对于西双版纳，他有如下描述：

……中国云南省西南部的西双版纳处于傣泐地区的心脏地带……傣泐人是东泰人，或称僚人（Laos）中人口最多、分布最广的一支。他们的分布从勐楞开始，沿湄公河往东北方向到缅甸景栋（Kengtung/Chiang Tung），再往北到思茅（Ssumao）坝。①

据傣泰民族的史志记载，中南半岛傣泰民族邦国的皇室之间有很多亲缘关系。傣泰民族传统的建邦立勐（Sangban Paengmuang）格局就揭示了各地傣王，特别是湄公河沿岸傣王之间的亲缘关系。据《赕喃坤波龙》（Tamnan Khun Borom）记载，坤波龙（Khun Borom）是弄赛（Nongsae，大致在今日云南省境内）傣王。坤波

---

① Payap University Archives, W. C. Dodd, Chiengmai May 20, 1915 to Dr. Spear, B. F. M. roll 2.

龙把七个儿子分封到澜沧（Lan Chang）、合傣（Hotae）、朱拉尼（Chulanee）、兰那（Lan Na）、阿育提亚（Ayuthaya，大城府）、坎曼（Khammuan）和景宽（Chiang Khwang）等傣泰民族邦国为王。① 另一部载入景东史册和景洪史册的史书——《赕喃岩三栋》（Tamnan Ai Saeng To）不断提到叭真（Phaya Choeng）与敌人浴血奋战的故事。叭真死后，他的儿子们分别到景洪、勐连（Muang Laem）和兰那做王。② 尽管上述两部史书的真实性和准确性有待进一步考证，但它们无疑向我们揭示了历史上傣泰民族统治者之间的亲缘关系。

13世纪早期的西双版纳统领着当时傣泰民族建立的邦国。据《车里宣慰司纪年》（Chuekhrue Chao Saenwi）记载，叭真把儿子分封到澜沧（Lan Chang）和兰那（Lan Na）为王。③

西双版纳和兰那的政治关系由两地皇室之间的亲缘关系维系。《清迈纪年》（Tamnan Phuenmuang Chiang Mai）和《车里宣慰司世系志》④ 有力说明西双版纳和兰那两地之间非常亲密的关系。据两部史书记载，兰那的开国君王茫莱（mangrai）系西双版纳四世傣王刀陇建仔（Thao Rung Kaen Chai）的外孙，⑤ 茫莱为刀陇建仔之女嫡铳瑎（Nang Thep Khamkhai）所生。今日，曼清兰（Ban Chiang Lan）有一棵菩提树，当地村民认为先人栽种此树以示西双版纳傣王和清盛（Chiang Saen）傣王世代友好。这说明茫莱的父

---

① Maha Sila Vilawong, *History of Laos*, Institute of Social Research, Chiang Mai, 1992, pp. 22-23.

② Thawee Sawangpanyakun, *Tamnan Muang Chiang Tung*, Institute of Social Research, Chiang Mai, 1980, pp. 61-62.

③ Renu Wichasilp, *Chuekhrue Chao Saenwi Sipsong Panna* (manuscript), p. 3.

④ 宣慰司是（中国中央政府帝王）赐给西双版纳傣王的封号。

⑤ Renu Wichasin, *Cheu Khrua Chao Saenwee Sipsong Panna*, Bangkok.

亲老勐（Lao Meng）① 曾亲赴景洪与当地傣王结盟。西双版纳与兰那的关系非常亲密，两国之间即使出现矛盾，也会有一方主动道歉，和谐化解争端。②

13世纪中叶，蒙古铁骑横扫云南，攻下了南诏国和蒲甘王国。③ 面对蒙古人南下进攻的威胁，有血缘关系的西双版纳皇室和兰那皇室进行了政治结盟。傣泐人的史书记载了这段历史，据史书记载，西双版纳傣王和兰那傣王誓言两国唇亡齿寒，荣辱与共，当同舟共济、共御外敌。1297年，元朝政权出兵5万攻西双版纳，兰那国王芒莱立即派兵相救。

当然，西双版纳和兰那的关系并不都是亲密无间。由于两国皇室对地方政权的管理较为松散，这就为两国之间的实力较量和政事干预埋下了隐患。兰那经常插足傣泐地区的政事，兰那王提洛克拉（Tilokkaraj）在位期间，兰那的政治势力往北扩张到西双版纳，并于1445年占领了臣属西双版纳的勐龙。④ 19世纪初，召銮卡威拉（Chao Luang Kawila）推行领土扩张政策，也经常干涉傣泐人地区的政事。为了扶持勐峦的召勐为西双版纳傣王，召銮卡威拉曾两次攻打景洪。19世纪初，担任清迈城霍那（Ho Na）的召塔玛兰卡（Thamalangka）攻陷了部分傣孔人（Khon）和傣泐人城市，并强迫当地人迁移到兰那境内。⑤ 傣泐人意识到只要本地召勐

---

① 译者注：老勐在《泐史》中写为"叭老"。

② Reviewed Chao Mahakhanthawond, Ban Chiang Lan, Chiang Rung, Sipsong Panna, Yunnan in Ratanaporn Sethakul, *Sipsong Panna: the Political and Social Survey before the Chinese liberation of* 1950 in *Sipsong Panna: Past and Present*, Book Center, Chiang Mai, 1985, p. 12.

③ Sai Sam Tip, *The Lue in Sip Song Panna From the Earliest Times Down to A. D. 1644*, M. A. thesis, Rangoon University, 1976, p. 88.

④ Renu Wichasin, Ibid., pp. 61–63.

⑤ Prachakit Korachak, Ibid., p. 472.

之间的权力斗争不止,傣泐地区就永无宁日。于是,一些傣泐人在万般无奈之下选择逃离故乡,他们把离开故乡的悲痛比作稻子离开田、鱼儿离开水。① 19 世纪中期的景栋之战(暹缅战争)也是由傣泐地区召勐之间的权力争斗引发的,暹罗并没通过战争拿下景栋,但是,战争却导致大批傣泐人流离失所,生活在西双版纳和今日泰国难府(Nan Province)边境地区的一些傣泐人被迫迁入难府境内。②

傣泐人和兰那泰人有大量共同的文化特征,如语言、宗教、生活方式,此外,他们在服装、烹调、织布工艺和风格、竹篾编制、制陶等物质文化领域也有大量相似性。傣泐人和兰那泰人都从事水稻种植,因此,他们偏爱居住在水源充足的低海拔河谷地区。由于从事水稻种植,二者的生活方式有诸多相似之处。

兰那和西双版纳在历史上不仅有政治联系,两地过去还有季节性长途商贸往来,两地人民相互通婚,在宗教领域也有很多交往互动,这些因素有力促进了双方的经济和社会联系。由于西双版纳和兰那河流相通、道路相接,因此两地人民的经济交往很密切。当时,景洪出产的食盐经勐腊、勐兴(Muang Sing)和景栋(Chiang Tung)运抵清迈。从景洪出发,走商贸通道东线 10 天可以抵达勐乌(Muang U),再走 7 天即可抵达清迈府和难府。③ 若从

---

① Renu Wichasin, Ibid., p. 122.

② Ratanaporn Sethakul, *The Chiang Tung War: the Expansion to the Northernmost of Siam in the Reign of King Mongkut*.

③ U. K., India Office, A Journal Kept by Captain W. C. McLeod, Assistant to the Commissioner in the Tenasserim Province, During his Mission from Moulmein to the Frontier of China.

清迈到景洪，先走陆路到清莱，在清成盛①乘船逆湄公河而上到勐楞（Muang Len），然后由陆路经勐兴抵达景洪。② 此外，从清莱出发，也可以经陆路往北先到景栋，然后再到西双版纳的勐峦，这一条线路也很好走。当时人们靠步行、骑象、骑牛和乘船来往于两地之间。历史上，难府和位于湄公河东岸的很多西双版纳城市通路通船，《勐喃稻田史志》（Nangsu Phunna Muang Nan）这本书就记录了从难府到今日西双版纳以及老挝的很多傣泐人城市的距离，这无不说明几个地方的人民历史上的紧密关系。③

兰那和西双版纳两地人民均信南传上座部佛教，他们的佛教体系中还糅合了傣泰民族传统信仰的很多元素。由于信奉佛法，两地人民都重视积德行善、护法弘法。西双版纳的南传佛法（僧伽罗派，Singhalese Sect）源于斯里兰卡，15世纪，该佛教教派从清迈经景栋布化至西双版纳。前来西双版纳弘法的是兰那僧侣，他们满腹经纶，严格守持戒律，因此赢得本地人的尊重。兰那僧侣还给西双版纳带来了兰那文（Tue Tham，即西双版纳老傣文），时至今日，西双版纳的傣泐人还用这种文字书写佛教经文和其他非宗教书籍。就西双版纳和兰那的关系而言，两地政治上层的关系由两地王室之间的血亲和政治利益维系，而对于两地人民来说，把他们联系在一起的是共同的佛教信仰和傣泰民族一脉相承的传统。西双版纳傣泐人和兰那泰人的佛教仪式、佛教信仰有诸多相

---

① 本书涉及一些带 Chiang（傣语和泰语北部方言词，指"有护城河和城墙包围的城市"）的地名，它们分布在中国、缅甸、老挝和泰国北部。对于带 Chiang 的小地名，如果该地位于泰国境内，汉语一般把 Chiang 转写为"清"（标准泰语读音），如泰国的 Chiang Saen（清盛）Chiangmai（清迈）等；但如果该地位于中国、缅甸或老挝，则把 Chiang 转写为"景"（傣语、老挝语、掸语和泰语北部方言读音），如老挝的 Chiang Lom（景龙）。

② U. K., ZHC 1/6961.

③ Aroonrat Wichienkhew, *Nangsu Phunna Muang Nan*, Witthayalai Khru, Chiang Mai, 1985, p. 21.

似之处。

傣泐人从南诏国和唐朝那里学习了很多先进的技术,如炼铁和特殊工具制造。在茫莱王执政兰那期间,茫莱王的外公——西双版纳傣王送给外孙的礼物里就有宝剑、金属工具和纺织品。而在此之前,当茫莱王的母亲远嫁兰那时,就为当地引进了纺织技术。从公元7世纪开始,西双版纳从南诏国和中国内地吸收了纺织工艺,并将之推广到其他傣泰民族邦国。①

三 傣泐人的迁徙

历史上,傣泐人为了生存不断迁徙,他们有四条迁徙路线,均由北往南。②

第一条迁徙路线是进缅甸,定居在今日缅甸的勐勇（Muang Yawng）、勐远（Muang Yu）、勐腊（Muang Lap）、勐莱（Muang Rai）、景栋（Chiang Tung/Kengtung）、勐帕雅（Muang Phayak）、勐谷（Muang Ko）、勐东（Muang Ton）和勐楞（Muang Len）。

傣泐人的第二条迁徙路线是进入越南,今日,越南北部地区,如勐定（Muang Thaen/ Muang Thanh）、奠边府（Dien Bien Phu）周边以及黑水河西岸的中越边境地区均有傣泐人分布。

傣泐人的第三条迁徙路线是进入老挝北部,今日,老挝北部生活着为数众多的傣泐人。在老挝琅南塔省（Luang Namtha）的勐兴（Muang Sing）、勐峦普卡（Muang Luang Phukha）和勐龙（Muang Long）等地分布着大量傣泐人的城市和村庄。傣泐人也是勐乌傣、乌泐（这两个城市原来是西双版纳的附属地,19世纪末划归法国）

---

① Wang Ji Min.
② Khrong Kan Phiphithaphan Watthanatham lae Chattiphan Lan Na, *Tai Lue Attaluck Haeng Chaitthiphan Tai*, Sathaban Wijai Sangkhom, Chiang Mai, 2008, p. 39.

这两个城市的主要居民。丰沙里省（Phongsali）的勐岩泐（Muang Ngai Nue）、岩傣（Ngai Tai）、勐本泐（Muang Bun Nue）和本傣（Bun Tai）的主体居民同样是傣泐人，但这里的傣泐人也被视为老龙人（Lao Lum，即生活在低海拔地区的老人）。与泰国难府交界的乌多姆塞省（Udomsai/Oudomxay）勐赛市（Muang Sai）、勐奔市（Muang Beang）、勐霍市（Muang Hook）和勐宏萨市（Muang Hongsa）也有大量傣泐人分布。沙耶武里省（Chiayaburi/Sainyabuli）的傣泐人主要分布在勐温（Muang Ngeon）、景浑（Chiang Hon）、景龙（Chiang Lom）和勐洪飒（Muang Hongsa）等地。上述地区的乡村和城镇大多是由傣泐人开辟的，因此，傣泐人成为这些地区的主体民族。在老挝琅勃拉邦省（Luang Phrabang）和博胶省（Bokeo）的喃乌（Nam U）、喃孔（Nam Khong）等地也有部分傣泐人村庄。

傣泐人的最后一条迁徙路线是进入泰国北部，今日泰国北部的清莱府（Chiang Rai）、清迈府（Chiang Mai）、南奔府（Lamphoon/Lamphun）、南邦府（Lampang）、帕腰府（Phayao）、难府（Nan）和帕府（Phrae）均有傣泐人村庄分布。约200年前，兰那王国为了增加人口数量，用武力把成千上万的傣泐人抓到国内各地，史称"菜蔬抓入篮，奴婢赶进邦"（Kap Phak Sai Sa, Kap Kha Sai Muang）。① 除了被武力抓到兰那外，其他原因也促使傣泐人迁徙到兰那境内，如逃避西双版纳地区的战乱、马帮贸易、异地通婚、寻找更肥沃的耕地等。

今日，清迈府管辖的几个区境内都有傣泐人村庄分布，如萨基山（Doi Saket）区、桑坎奔区（San Khampaeng）、桑赛区（San

---

① David K. Wyatt and Arunrat Wichienkeo, *Tamnan Phunmuang Chiang Mai*, Silk Worm Books, Chiang Mai, p. 77.

Sai) 和萨勐区（Samoeng）。离清迈府不远的南奔府（Lamphoon/Lamphun）境内有很多傣勇（Yawng）人村庄。傣勇人讲的语言属于傣泐方言，但由于他们从勐勇迁徙而来，故名傣勇人。傣勇人生活在南奔府的巴桑区（Pa Saang）、曼宏区（Ban Hong）、美塔区（Mae Tha）区、黎区（Lee）和栋华章区（Tung Hua Chang）。

与缅甸和老挝接壤的清莱府境内也有大量傣泐人村庄，它们集中分布在清孔区（Chiang Khong）、清勐区（Chiang Muan）、美塞区（Maesai）和盘区（Phan）。帕腰府的傣泐文化享誉盛名，该府位于泰国傣泐人文化圈的核心地带。帕腰府管辖的清坎区（Chiang Kham）、清勐区（Chiang Muan）和奔区（Pong）都有傣泐人村庄分布。难府傣泐人的织艺远近驰名，该府有60个傣泐人村庄，分别位于莽区（Muang）、塔旺帕区（Tha Wang Pha）、芭区（Phua）、清康区（Chiang Klang）和栋章区（Tung Chang）。帕府的傣泐人分布在勐区（Muang）和宋勐区（Sung Mean）。南邦府的傣泐人主要集中在勐区（Muang）和美塔区（Mae Tha）。[①]

泰国傣泐人的祖籍可追述到西双版纳王国各地，泰国难府傣泐人的祖辈来自今日中、缅、老交界地区的傣泐人城镇，如景洪、勐腊、勐楞、勐勇（Muang Yawng）、勐远（Muang Yu）、勐雷（Muang Luai）、景康（Chiang Khaeng）、景腊（Chiang Lap）、景龙（Chiang Lom）、勐温（Muang Ngeon）、勐畔（Muang Phuan）和勐窝（Muang Ngob）。[②]

18世纪末，兰那地区政局动荡，战乱频繁，死于战乱、饥荒和疾病者不计其数。曾经繁华的兰那城池变成一座座野兽出没的空城。兰那在经历了两百多年的缅甸占领后，迎来了傣泰民族的

---

① Ratanaporn Sethakul, *Chao Lue Nai Changwat Nan*, Research Institute, Chiang Mai, 1995, p. 15.

② Ibid.

光复。光复后的兰那人口匮乏,兰那的君主为了恢复国家元气,决定采用掳掠囚俘这种最快捷的方式增加本国人口。为此,卡威拉王(Chao Kawila)与其胞弟召七栋(Chao Jet Ton)西征萨尔温江沿线城镇、北伐景栋和勐勇,与此同时,统治难府的召隆(Chao Luang,大王)们也把矛头对准湄公河沿岸地区。

1805年,清迈的召霍那(Chao Hona)攻占清省(Chiang Saen),把在此地掳掠到的大批战俘带到清迈、南邦和南奔。与此同时,难府头人攻陷了中国和老挝境内的很多傣泐人城镇,把当地傣泐人强迫迁徙到难府境内。几年后,勐捧(Muang Phong)、勐腊(Muang La)、景康(Chiang Khaeng)、勐峦普卡(Muang Luang Phu Kha)等地的6000傣泐人又被武力掳掠到难府境内。历史上,傣泐人南迁泰国的进程从未中断过,但总体而言,18世纪末到19世纪初是傣泐人南迁泰国的高峰。

"菜蔬抓入篮,奴婢赶进邦"(Kap Phak Sai Sa, Kap Kha Sai Muang)的政策让兰那的人种结构变得非常多元。兰那国的臣民以傣元人(Yuan)、傣泐人(Lue)和傣孔人(Khon)这三个傣泰民族的支系为主,此外,兰那的低地和山区还生活着一些非傣泰民族群体。① 由于兰那人口匮乏,兰那地方官对新移民来者不拒,因此,兰那在文化方面变得很包容。只要新移民俯首称臣、交纳各种税役,兰那的地方官都容得下他们。

导致西双版纳傣泐人南迁泰国的原因,除了兰那王国18世纪末以来的扩张外,还有贸易、饥荒、异地通婚、政治动荡等因素。19世纪以前南迁兰那的傣泐人成功融入了当地的社会政治生活。

---

① 难府不仅生活着从西双版纳来的傣泐人,同时还有从西双版纳迁移来的孟高棉语民族和藏缅语民族。请参看 Ratanaporn Sethakul, *Tai Lue of Sipsong Panna and Muang Nan in the Nineteenth Century*, in Andrew Turton(ed.) *Civility and Savagery*, Richmond, Surrey: Curzon Press, 2000, p. 322。

兰那与西双版纳两地的政治和文化相似性让傣泐人和兰那泰人能相安无事。兰那地方官不干涉境内傣泐人的文化生活，例如在难府的曼弄拔（Ban Nong Bua）、曼巴卡（Ban Pa Kha）、曼栋勐（Ban Don Moon）三个村庄生活着原籍西双版纳勐腊的傣泐人，他们保持着三年一祭勐腊召龙（Chao Luang Muang La，勐腊大王）的习俗。傣泐人把故土的信仰带到新的土地，并把这种信仰生生不息传承下去，让它成为傣泐人身份认同的一部分。

到19世纪末，除暹罗（泰国）外，中南半岛原有的邦国均已被西方殖民势力占领、瓜分。西方殖民者把划分政治国界的做法带到中南半岛，至此，（原本没有国界概念的）兰那泰人和西双版纳傣泐人进出两地必须携带护照，以验明身份。过去两地人民随意进出、随意定居的历史已经一去不复返，战争掠囚的行为也同样成为历史。尽管殖民政权试图阻碍傣泰民族之间的自由跨境探亲交往，但直到"二战"爆发之前，傣泰民族地区一直保持有商贸往来。

"二战"结束后，由于中国政局变化，大批中国傣泐人，特别是傣泐人上层纷纷避难到清莱府的湄赛。他们离开西双版纳，经缅甸景栋到湄赛，但由于没有官方护照，他们只能驻足湄赛。到清莱府避难的傣泐人中有的是西双版纳末代傣王——召勐罕泐（Chao Mom Kham Lue，刀世勋）的亲人。与早年赴泰的傣泐人不同，"二战"后来的傣泐人不能加入泰国籍，因此他们在泰国的活动区域不能超出清莱府。他们的子嗣最终加入了泰国籍，成为泰国公民（Thai）。[①] 今日，生活在湄赛城区的傣泐人主要从事小买卖。

四　目前泰国傣泐人的分布情况和文化习俗

傣泐人是今日泰北地区的傣泰民族中人口最多、文化最为独特

[①] Chomrom Lan Na Khadi and Witthayalai Khru Chiang Mai, *Ruam Botkwam Thang Wichakan Tai Lue*: *Chiang Kham*, Sun Nangsue, Chiang Mai, 1986, p. 19.

的一支。兰那地区各个府中，除了与缅甸掸邦接壤的夜丰颂（Mae Hongson）外，其他各府境内均有傣泐人村庄分布。兰那地区各府傣泐人村庄具体情况如下：

Changwat （府）	Amphor （区）	Tamboon/Muban （次区、村）
Chiang Mai （清迈府）	· Doi Saket · Samueng · San Khampaeng · San Sai	Luang Nua（Ban Luang Nue, Ban Luang Tai） Huai Meng Oon Nue
Lamphoon （南奔府）	Muang Pa Sang Ban Hong Mae Tha Li Tung Hua Chang	Pa Sak, Ban Paen, Ban Klang, Makhuachae, Umong, Muang Nga, Ban Thi, Rimping, Muang Chi, Ton Tong, Pratu Pa, Huai Yab and Wiang Yawng Pak Bong, Pa Sang, Mae Raeng, Muang Noi, Banruan, Makok, Namdip, Thatum, Nongyaeng, Nonglong, and Chedi Ban Hong, Laoyao, and Sritia Tha Pladuk, Tha Kad, Tha Thongluang, and Tha Khunngeon Li and Mae Tuen Takienpom
Chiang Rai （清莱府）	Chiang Khong Mae Sai Phan	Ban Huai Meng, Ban Tha Kham, Ban Sri Donchai Ban San Boonrueng BanMai Lung Khon Huai Saikhao and San Makhaed
Phayao （帕腰府）	Chiang Kham Chiang Muan	Yuan（Ban That mu1 and mu2, Ban Yuan, Ban Dan Muang, Ban Mang）, Chiang Ban（Ban Chiang Ban, Ban Pad, Ban Wan, Thung Mok, Ban Chiang Khan）, Phaikwang（Ban Nong Lue）, Phusang（Ban Nong Lao, Ban Huai Fai）, Sop Bong（Ban Sop Bong） Ban Tha Pha Nue, and Ban Tha Pha Tai
Nan①（难府）	Muang Thawangpha	Duphong Sriphum（Ban Donmoon）, Sopyom, Chomphra, Saengthong（Ban Hae, Ban Huak）and Pakha（Ban Ton Hang, Ban Nong Bua）

---

① 关于难府傣泐人村庄更为详细的信息，请参看 Ratanaporn Sethakul, *The Lue People in Nan Province*, Institute of Research and Development, Payap University, Chiang Mai, 1992, pp. 14–20。

(续表)

Changwat （府）	Amphor （区）	Tamboon/Muban （次区、村）
	Pua	Pua（Ban Rong Ngae, Ban Mon, Ban Don Kaew, Ban Tid, Bang Khon）, Silalaeng（Ban Tin Tok, Ban Don Chai, Ban Sala, Ban Hua Nam）, and Silaphet（Ban Na Kham, Ban Pa Tong, Ban Don Moon, Ban Don Chai, Ban Don Kaew, Ban Tong Ratana）
	Chiang Klang	Yod（Ban Pangsan, Pha Sing, Pha Lak and Ban Yod
	Thung Chang	Ngob（Ban Ngob Nue, Ban Ngob Tai）, Pon（Ban Huai Sakaing, Ban Huai Kon, Ban Muang Ngoen）, and Phae（Ban Huai Teiy, Ban Sali）
Phrae（帕府）	Muang Song Men	Ban Thin
Lampang （南邦府）	Muang	Kuai Phae（Ban Kuai Klang, Ban Kuai Luang, Ban Kuai Phae, Ban Kuai Fai, Ban Kuai Muang）
	Mae Tha	Nam Jo（Ban Mae Pung, Ban Hong Ha）

难府和帕腰府的傣泐人数量最多，其傣泐文化特征最鲜明。难府和帕腰府的傣泐人原籍中国西双版纳和老挝北部，这两个地方在19世纪90年代以前都是西双版纳王国的领地。之后，中国清政府与英法殖民政府勘定了国界，把上述两个地方（西双版纳自治州和老挝北部）划归到不同的国家。今日，难府的栋章（Thung Chang）、清康（Chiang Klang）、芭区（Pua）和塔旺帕（Tha Wang Pha）四个区约有60个傣泐人村庄。

清坎区（Chiang Kham）是帕腰府最主要的傣泐人聚居地。这里生活着难府王——召阿难陀（Chao Anantaworaritthidet）和帕召苏利亚鹏（Prachao Suriyaphongpharitdet）早年（1853年和1856年）从西双版纳王国各地掳掠来的傣泐人战俘的后裔。被掳掠到此的傣泐人的祖籍包括勐润（Muang Yuan）、勐达（Muang That）、勐曼（Muang Mang）、勐景曼（Muang Chiang Ban）、勐腊（Muang La）、勐捧（Muang Phong）、曼栋末（Ban Thung Mok）等地，他们通常给新居冠以故土之名。清坎区的傣泐人村庄内部存在方言差异以及妇女筒裙差异，例如曼润村（Ban Yuan）妇女筒裙没有曼清坎村（Ban Chiang Khan）的那么黄。①

清坎区的傣泐人用木料和竹子建房，屋顶有瓦片顶和木片顶两种。较大的房子（干栏式建筑）有二十多个支架支撑。当地傣泐人的厨房设在房屋内部，厨房是住房的一部分，这点与西双版纳的傣泐人类似。清坎区每户傣泐人的家庭成员同住一间卧室，但各人有自己独立的蚊帐。②傣泐人把卧室称为 suam，这是外人不能进入的神秘禁区。

水田、菜园、森林和河流为傣泐人提供了源源不断的食材。傣泐人喜食糯米。辣椒酱（Nam Prick）是傣泐人的名吃，傣泐人的辣椒酱种类很丰富，有 Nam Prick Daeng（红辣椒酱），Nam Prick Nampu（蟹汁辣椒酱）等不同口味的辣椒酱。傣泐人的沙拉品种很丰富，用料主要是肉和蔬菜。傣泐人的很多菜肴与兰那菜肴相似。豆豉是傣泐人喜爱的调味品。傣泐人用糯米面、蔗糖和椰子做出各式各样的小吃甜点，小吃甜点通常蒸制而成，做工非常简单。③

泰国傣泐人妇女盘着传统的傣泐发髻，与兰那发髻存在很大差异。在傣泐佛寺的精舍（viharn）墙画上，常可以看到身着傣泐筒裙、盘着傣泐发髻的妇女画像。

傣泐人的信仰是佛教和鬼神崇拜结合的产物。傣泐村庄都有漂

---

① Kraisri and Prakai Nimmanhemin, *Pakinnaka Tai Lue Nai Adit*, in Chomrom Lan Na Khadi and Witthayalai Khru Chiang Mai. *Ruam Botkwam Thang Wichakan Tai Lue*：*Chiang Kham*, Sun Nangsue, Chiang Mai, 1986, pp. 46-47.

② Kraisri and Prakai Nimmanhemin, Ibid., p. 49.

③ Bubpha Chiraphong and Nanthana Akkanithin, *Visiting the Lue Kitchen*, pp. 140-141.

亮的傣泐式佛寺建筑。傣泐人的佛教信仰很虔诚，他们用贝叶和桑纸抄写兰那文经书。今日，难府有东莽寺（Wat Don Moon）、弄登寺（Wat Nong Deang）等荟萃了傣泐艺术的古刹建筑。

宋干节（Songkran，中国称泼水节）是傣泐人非常重要的节日。在西双版纳，宋干节是隆重、欢庆的日子。节日当天，人们不仅参加龙舟赛、泼水等集体娱乐活动，还要参加村子和家庭的庆典仪式。每逢宋干节，外出工作的年轻兰那傣泐人都要返乡，与家人吃团圆饭，并为长辈行"赕华"（Dam Hua，即"洗头"）礼，以示对长辈的孝顺。在"赕华"仪式上，晚辈要给长辈献礼，并呈上一碗洒有香水和藏红花的水。接受"赕华"礼的长辈收受礼物，用手指蘸水涂抹在晚辈的头上，以示对晚辈的祝福。接下来，各家各户做年饭，送到佛寺赕佛，以求来年平安。关于宋干节的来历有一个篇幅很长的故事，从故事情节中可以看出佛教和印度教的深厚影响。

赕寨心（Tan Chai Ban）是宋干节期间傣泐人的重大集体祭祀活动。每个傣泐人村庄都有寨心，它通常位于村子的地理中心。寨心是建村时就定下的。对于傣泐人来说，赕寨心活动非常重要，它关系着全村的安康。在赕寨心仪式上，村民会请佛爷诵经为村民祈福。

赕桂撒腊（Tan Kuai Salak）是傣泐人另一个重大节日庆典。

泰国的傣泐人也过水灯节（Loi Krathong），此外，傣历二月还有一个 Loi Kom 节。

每年3月（此为公元，下同）迎来了佛教的入洼节（Khao Wasa，汉语也俗称"关门节"），入洼之后就进入雨安居（Wasa）。雨安居期间有 Tan Kathin、Pha pa 等宗教活动。

4月，稻谷收割完毕，傣泐人迎来了新粮节（kin khao mai）。

5月，傣泐人为亡灵做赕坦龙（Tan Tham Luang），以表达对过世亲人的哀思。在此期间，傣泐人做法事超度亡灵。做法事旨在弘扬佛法（Dharma），让亡灵有机会聆听佛法，以求得来世福报。除了赕坦之外，傣泐人还为亡灵做赕栋（Tan Tung），栋（Tung）指旗幡。"栋"由妇女缝制，傣泐人的"栋"长约两米，宽约10—12英寸。傣泐人相信，阴曹地府的亡灵可以拽着"栋"一跃脱离地狱苦海，直奔天堂。

6月，傣泐人迎来了欢乐的宋干节。

7月，傣泐人徒步到舍利塔，步行到舍利塔是一种积德行善的行为。

来到傣泐人村庄，首先映入眼帘的是寨门。寨门由两棵垂直的柱子和一条横木组成。若村内有拜寨神（Kam Ban）仪式，村民会在寨门横木上挂一个竹篾，告知外人不得入村。傣泐人的寨神信仰很强烈，泰国傣泐人的祖先把故土的寨神迎请到泰国，并把寨神崇拜生生不息地传承下来，每年必拜。

傣泐人村庄都有灵舍，村民们聚集到此祭拜各路鬼神，但祭拜活动只能男人参加。祭拜活动必须在每年栽秧前完成。

傣泐人是一个农业民族，因此，他们对掌管农事的鬼神极为仰止，力图讨好掌管农事的鬼神。每年8月，傣泐人修缮村庄灌溉系统，在此之前，村民要祭拜掌管灌溉的鬼神。在清坎区（Chiang Kham）的曼塔村（Ban That），村民用八朵白花、八支蜡烛、鸡、米和酒祭拜鬼神，祈求来年丰收。[①]

傣泐人家里要是来了亲朋好友，或者家里有人生病，家人会为

---

① Yupin Khemmuk and others, *Religion, Belief and Custom of the Lue: the Case Study of Ban That, Ban Yuan, Ban Wan, Chiang Kham District, Chiang Rai Province*, in Chomrom Lan Na Khadi and Witthayalai Khru Chiang Mai, *Ruam Botkwam Thang Wichakan Tai Lue: Chiang Kham*, Sun Nangsue, Chiang Mai, 1986, p.119.

他们做喊魂①仪式，并给来访亲友或病人的手腕系上白线。

在傣泐人的信仰中，行为不当会遭厄运（khued）。例如勐峦村（Ban Muang Luang）把周六奉为黄道吉日，因为周六是建村纪念日。因此，本村村民忌讳周六办丧事。若有人违背禁忌，全村都要遭厄运。傣泐人有请巫师或高僧作法，让全村免遭厄运的习俗。②

傣泐妇女的舞蹈并不复杂。Direck 在 1978 年的研究中指出，清坎傣泐妇女的舞蹈引人入胜，这里妇女的舞蹈和难府捧安（Phon Ngaen）以及东北部素恩（Soeng）的妇女舞蹈都有相似之处。③ 傣泐男人喜欢跳战舞（Phoen Jeong），边跳舞边击打尺寸各异的鼓。

到清坎区的傣泐人村庄曼素旺（Ban Sop Wan）可以欣赏名为罕哈泐（Kham Khap Lue）的傣泐人民歌以及傣泐人的喊魂调（Kham Hiek Khwan）。但同样是傣泐人村庄的清迈曼峦那村（Ban Luang Nue）却没有上述傣泐传统音乐。④ 帕腰府、清莱府和难府等地的傣泐文化之所以得到延续，其中一个原因是西双版纳的傣泐人不断到上述地区探亲访友，⑤ 此外，上述地区是农村，农村与外界的接触很少，因此文化变迁速度缓慢。（这是帕腰府、清莱府和难府傣泐人文化得以延续的另一个重要原因。）

---

① 英语原文写为 calling khwan，译自傣语 hiek khwan 及泰语 riiak khwan（เรียกขวัญ）。khwan（泰语 ขวัญ）是傣泰语言特有的抽象概念，它包含"精、气、神、魂、运气"等多层含义，在其他语言中找不到对应的词，很难译为其他语言。

② Ratanaporn Sethakul and others.

③ Direak Mahatthanasin, *Rabom Rumphoen: Tai Lue in* 1986, pp. 132–133.

④ Ratanaporn Sethakul and others.

⑤ Somsak Suwapab, *The Tai Lue: a Comparative View Points*, in Chomrom Lan Na Khadi and Witthayalai Khru Chiang Mai. *Ruam Botkwam Thang Wichakan Tai Lue: Chiang Kham*, Sun Nangsue, Chiang Mai, 1986, p. 53.

傣泐人妇女的纺织技艺非常精湛。她们纺织用的棉料有的自产，有的靠购买，染料均是本地自产的天然植物染料。到傣泐人家做客，常会看到家里的女性围坐在织机旁边辛勤纺织。未婚的傣泐女孩需要亲自动手缝制新衣服、包头、褥垫、毯子、床单、枕头等物品，用以陪嫁。大家庭需要配备一些额外床上用品，以便来访的远方亲友使用，制作床上用品的任务就由家里的女性成员完成。此外，傣泐女性还需要制作用于宗教活动的纺织品，例如制作送到佛寺的经幡。飘扬在傣泐佛寺精舍前各式各异的经幡就出自傣泐妇女之手。

莱泐式（Lai Lue）和莱南莱式（Lai Nam Lai）是清坎区傣泐人较为有名的纺织纹样，这两种纹样比清孔傣泐人的更为漂亮、独特。① 傣泐人偏爱蓝色和红色，这两种颜色是傣泐人纺织品的主打色。

各地傣泐人妇女的衬衣和裙子的款式因地而异，从款式风格就能看出着装者来自何方。在"二战"结束后的十多年里，傣泐人妇女在日常生活中依然穿着传统服装。然而，到了 80 年代，游客们发现傣泐人村中妇女的着装习惯已经发生改变，她们在日常生活中已经改穿现代服饰，傣泐传统服饰只有在宗教活动和节日庆典期间才穿。此外，傣泐人村庄已经不再种植棉花。

与傣润人和兰那泰人男性一样，傣泐人男性过去也喜欢纹身，身穿蓝衣裤，头裹白包头。

傣泐人通常随妻而居（matri-local），婚后，丈夫搬到妻子家，与其家人同住。傣历二月和六月是傣泐人办婚事的旺季。②

---

① Songsak Prangwatthanakun, *Chao Tai Lue Nai Lan Na*: *the Preliminary Observation* in Chomrom Lan Na Khadi and Witthayalai Khru Chiang Mai, *Ruam Botkwam Thang Wichakan Tai Lue*: *Chiang Kham*, Sun Nangsue, Chiang Mai, 1986, p. 71.

② Yupin and others, Ibid., p. 119.

傣泐人和其他傣泰民族支系有共同的农作方式。他们喜爱居住在被山与河环绕的低海拔地区从事稻作。

傣泐人具有浓厚的亲情观念,非常注重亲友之间的礼尚往来,对此,傣泐人有谚语说:"路三天不走荒芜,弟兄不往来悲苦。"(tang bao teo sam wan ko moung, pi nong bao pai ha kan ko sao)兰那泰人则有谚语道:"走过村,路过城,莫忘里面的自家人。"(teo tang phan ban yang ma tang muang bao la luem pi nong tang lang)[①]

迁徙到兰那的傣泐人依然保持着本民族的传统文化。傣泐人无论到哪里,只要稻作生产方式不变,其物质文化的源流就不会中断。精神文化层面,(兰那)的傣泐人延续着佛教加鬼神崇拜的信仰体系。傣泐人把西双版纳故土的佛教艺术带到兰那,因此,今日在难府和帕腰府同样可以领略西双版纳风格的佛教艺术。

19世纪末到20世纪初的几十年间是泰国北部的重大转型和变革期。其间,泰国政府为了打造现代国家,抗衡西方殖民势力,强化了对兰那藩国的中央集权管理。[②] 这不仅导致兰那政治格局的变迁,也改变了兰那的社会和文化景观。兰那地区经历的巨大社会变革深深影响了傣泐人的文化,首当其冲的文化影响体现在语言文字方面。傣泐人与傣元人(兰那泰人)曾经书同文,过去,傣泐人中经过剃度出家的"康郎"都能轻松阅读兰那文书籍。当时,西双版纳王国和兰那国都推行相似的寺院教育体制。然而,随着曼谷的中央政府1923年颁布国民义务教育法,兰那的佛寺教育制度遭到沉重打击,最终退居一隅。曼谷的中央政府为了把兰那人融入泰国主流,在教育领域强制使用标准泰语

[①] Somsak Suwapab, Ibid., pp. 58–59.
[②] Ratanaporn Sethakul, 1989, Ibid., p. 215.

和泰文。兰那的傣泐人为了适应环境,成了多语人,他们与傣泐人讲傣泐话,与兰那人讲昆勐话(Kam Muang,泰语北部方言,泰国北部的云南人也把这种语言称为"锅罗话"),在学校讲以中部泰语(Phaasaa Thai Klang)为基础的标准泰语。在这样的背景下,傣泐方言的使用范围一再缩小,甚至沦落为愚昧、落后的代名词。

20世纪初,随着泰国北部经济环境改变,傣泐人生产方式的变化初见端倪。随着外国资本进驻傣泐地区开发柚木,以及中国人来此做农产品贸易,傣泐地区的经济逐步走向商业化。1900年,泰国政府颁布了人头税法,人头税法促使傣泐人出售农产品,以获取现金缴纳税收。农业生产商业化促进了泰国北部经济的发展,据记载,傣勇人生活的南奔府由于大量商业种植棉花、甘蔗和蔬菜,经济迎来了迅速发展。[①]

傣泐人及周边民族也做一些小本买卖。傣泐人在从事稻作之余,每年收割后还会赴周边地区售卖余粮。此举不仅能贴补家用,还可以借机探亲访友,享受一下出游的乐趣。

五 当代傣泐人的社会文化变迁

到20世纪50年代,傣泐人已经在泰国永久定居,成为泰国公民。但是,相比前50年代时期,50年代的傣泐社会变迁依然很小。1961年是泰国傣泐人社会发展的一个分水岭,是年,泰国政府颁布了"全国经济发展规划",泰国农村被纳入该规划,泰国的傣泐人社会于是迎来接踵而至的变化。傣泐人生活方式的变迁与

---

① National Archeives, R. 6, KR. 6 M/14, The report of earthquake in Monthon Payap (11 May 1923). Cited in Ratanaporn Sethakul. *A Century of the Northern Village Communities' Economy* (1899–1999), Sangsan, Bangkok, 2003, p. 73.

泰国其他民族的变迁并无二致。当然，傣泐人主体依然生活在农村、依然从事稻作的现实决定了傣泐人社会万变不离其宗。

由于傣泐人与兰那人一衣带水，文化相通，因此，傣泐人吸纳了大量的兰那文化元素。Direck 在 1986 年的研究中指出，清坎的傣泐人在跳一种新创的舞蹈，这种舞蹈与兰那传统的长甲举烛舞极为相似。清坎的傣泐人跳舞时并不穿传统的傣泐黑衬衫，而是穿兰那风格的衬衫，同时还围着一条叫帕萨拜（Pha Sabai）的围巾，这种围巾也是兰那女性跳舞专用的。清坎傣泐人的舞蹈服装中，唯一保留傣泐风格的只有筒裙。为此，Direck 在文中提出质疑，认为南迁兰那的傣泐人并没有把故土的传统舞蹈带到兰那。Direck 与部分老年傣泐人妇女交流得知，兰那妇女过去只能观看男性跳舞，女性自己并不跳。① 但是，新迁来的傣泐人也跳缅甸掸族的鸟舞。

泰国北部的泰人认为本国的傣泐语比西双版纳的傣泐语容易理解，这是因为西双版纳的傣泐语保留了大量古旧词以及吸纳了大批汉语借词和缅语借词。傣泐人认为傣泐语听起来有些古怪，不愿意在外人面前讲母语。傣泐人用兰那泰语方言与外界交流，而傣泐人中的年轻人则与年轻的兰那人一样，用标准泰语和外界交流。总体来说，远离城市的傣泐人村庄的传统文化保留相对较好。②

当前，泰国的傣泐人致力于恢复本民族的传统习俗。他们追溯祖籍，根据历史记载重建傣泐人的文化传统。傣泐人满怀自豪地向来村子旅游的游客展示傣泐人的优良传统。

---

① Direak Mahattanasin, Ibid., p. 136.
② Songsak Prangwatthanakun, *Chao Tai Lue Nai Lan Na: the Preliminary Observation in Chomrom Lan Na Khadi and Witthayalai Khru Chiang Mai*, *Ruam Botkwam Thang Wichakan Tai Lue: Chiang Kham Sun Nangsue*, Chiang Mai, 1986, p. 65.

泰国 1961 年的"全国经济发展规划"以及之后的各种规划对傣泐人地区的社会和经济发展产生了深远的影响，从而改变了傣泐人的生活方式。在各种规划的鼓励下，傣泐人积极投身商品经济活动。傣泐在种植水稻的基础上还增加了烤烟、大豆、大蒜、水果等经济作物的种植。新建的道路把各种新事物和新思潮带到傣泐人村庄。傣泐人的孩子都去上学，学习与傣泐语存在不小差异的标准泰语。

新媒体进入傣泐人的娱乐生活。在新媒体的冲击下，傣泐人对本民族的传统音乐和文艺失去了兴趣，把它们视为过时文化。傣泐人的宗教活动也受到外界的影响，在佛事活动中，傣泐人越来越多地模仿兰那的佛教音乐、诵经风格和喊魂调风格。

有傣泐人分布的泰北各府都有傣泐人协会，其中，泰国傣泐人协会是最有影响力的协会。各个傣泐人协会经常举办傣泐文化展等公益活动，此外，傣泐人协会还针对傣泐年轻人开办傣泐传统文化研讨会。当然，各个傣泐人协会的活跃程度并不一样，有的协会常年组织活动。傣泐人协会的活动经费一是来自傣泐人社区，二是来自地方政府和泰国中央政府。在政府机构中，泰国旅游局（Thailand Tourism Authority）对傣泐人协会的经费支持最多。泰国的傣泐人协会每年都联合举办傣泐人文化活动。[①]

第三节 难府傣泐人的历史迁徙与文化习俗

一 难府的背景

古代兰那王国与西双版纳勐泐王国在政治、经济和社会文化方

[①] Interviewed Mr. Muangdee Supphawatpinyo, the chief of the village #13, Tamboon Ban Thi, Amphor Ban Thi, Lamphoon.

面关系十分紧密,自古有着"兄弟城邦"的美好赞誉。两地人民语言相近,习俗相同,无论逢战乱和自然灾祸均自由迁徙、往来不断。难府是泰国傣泐人数最多的府,大量的傣泐人迁徙到难府后,却没有与当地泰阮人产生矛盾隔阂,反而不断融合发展成为难府的主要族群。

傣泐人与当地泰阮人都采用"萨迪那"(授官田亩制度)的封建统治体系,领主与百姓有等级差别,共同信仰原始宗教(灵魂崇拜)和南传上座部佛教,以操原始稻作业为主的农业社会形态,傣泐人与大自然能够和睦相处,孕育出人与自然和谐共融的种种民族风俗。由于受当时科学技术与知识的局限,傣泐的生产生活方式、习俗文化和当地泰阮人大致相同,以致难于区分傣泐和泰阮这两个族群,因此难断言傣泐文化与泰阮文化影响力的高低大小。

受近代泰国政治体制变革浪潮的影响,傣泐族群也随时代与形势的发展而不断适应调整。近代西方资本主义和现代化、国际化思潮不断冲击涌入,傣泐人与泰阮人的族群自我意识也在渐渐消失。当难府旅游业得到蓬勃快速发展的同时,傣泐人独特的民族风俗文化成为难府当一张"名牌"优势资源。

难府是傣泐人迁徙定居最多的一个府,尤其在难府北部与老挝接壤的地区。傣泐人进入泰国难府有将近200多年的历史。迁徙定居初期,仍然还保留着大量的传统风俗习惯和傣泐文化,尤其是傣泐的人生礼仪、信仰和宗教方面。随着政权统治的变化、经济和社会的发展,顺应现代社会进程,导致了传统的傣泐民族文化发生了变化,接受了大量以曼谷和西方资本主义国家为主的新文化。以至于难府现在的傣泐人与当地泰阮人无异,使用傣泐语言交际的人数也逐渐减少。目前,为促进和鼓励当地旅游、乡村编织业经济的发展,已有不少地方开始挖掘和保护古老的傣泐文化。

(一) 地理位置与气候

难府地处泰王国北部，难府东段为国境线。北纬16°46′30″，东经18°46′44″。难府建于难河东岸，面积11694平方公里。难府的东北部与老挝接壤，南端与泰国的帕府和程逸府相连，西端和清莱府、帕耀府帕府相连。

难府的地貌特征主要以山地为主，森林植被茂密。难府境内1/4的土地是山地。主要的山峰有：披伴南山、喃勃拉邦山、銮山、普越山、普素南山、普卡山。这些山峰的平均海拔在1000—2000米左右，普卡山是最高山峰，高约2000米。

难府全境有土地7170730莱（泰国土地面积单位），山地和森林3273750莱，占全部土地面积的45.66%，水田耕地2977730莱，占全部土地的41.52%，水田耕地大多为难河与沙河两岸平坝，主要介于难府通畅县与塔旺帕县之间，呈长方形状。难府境内的各个县、乡被山峰和难河、沙河分隔开。这种平坝地形地貌很适合当地人居住并从事稻作业，难府当地水稻耕种面积达到876043莱，占12.22%。

难府的气候各地区各县乡略有不同。高山环绕的地方区，夏季（3月至11月）比较干旱炎热；河谷地带，遇到雨季时（6月至10月），降水较多，易发生洪水灾害。冬季时（11月至2月），气候干燥且十分寒冷，时常大雾弥漫。

难府诸多的山峰和茂密的森林植被滋养了许多河流，这些河流为难府的农耕灌溉，交通运输提供了保障。难府最重要的河流当属难河，全长627公里。难河发源于坤南难山麓，与许多支流汇集而成，流经难府全境后从通畅县流出，还流经泰北的程逸府、彭士洛府、披吉府，汇入清迈府滨河，最终汇入湄南河。以下为难府几条重要的河流①：

沙河，发源于允沙县境内的肯山山脉，最后汇入难河。

洼河，发源于波县境内的庄山山脉，流经湄津县后汇入难河。

沙姆河，发源于帕基山，流经藤冬乡和猜萨坦乡，最后在库岱乡汇入难河。

难府现行政划分为8个县，5个小县。② 8个县即主城县、翁沙县、纳囡县、塔旺帕县、波县、清刚县、通昌县和湄津县。5个小县即曼刚县、拿蒙县、散迪素县、宋开县和盐井县，总人口数455155人（公元2536年）。

(二) 难府历史

难府是个有着悠久历史的古城，古称难王国或难国。境内有很多史前的历史遗迹，主城县、翁沙县、湄津县、清刚县、纳囡县都发现了大量的石质工具。经过考古鉴定，这些石质工具有3000—10000年的历史。大量的大型石器、石质工具、石器碎片证明，当时社会已经处于新石器时代。

"普腾山遗址出土了近千件石器文物，遗址范围达到4—5莱。出土的文物大多保存完好，遗址附近也没有人居住，没有被人为破坏的痕迹，较为真实地反映出当时社会的原貌。"

通过考古学家分析发现：史前居住在这里的早期人类，已经会使用打磨技术生产较为粗糙的工具和武器，开始定居，以狩猎和采摘植物方式获取食物。定居点大多靠近江河，慢慢地出现了稻作业，后来发展产生了氏族村社的形态。这些遗迹反映出，随着社会生产的发展，形成了较为强大的社会，逐步发展成政权社会的意识形态。

---

① 此处为难府境内河流的泰文音译，括号内文字为泰文地名或江河名。
② 此处为难府境内县名泰文音译，括号内文字为泰文地名。

大量的典籍和地方志都记载了难府古代的历史。史籍记载，泰人首先在难河平原地带附近建立城邑，形成地方小国难国，之后又不断开拓疆域，难国的势力范围从难河平原一直到喃勃拉邦一带，并且持续长久。公元1282年，即帕雅刚勐王时期，难国都城迁往难河以东的勐波。难国当时臣服于素可泰王国成为藩属，并在勐波城兴建了第一座且悍佛塔。① 公元1359年，帕雅刚勐王派遣大量军民在难河西岸筑起新城，难国的疆域大为开阔，难河将整个难国自然分隔成东西两城。公元1368年，因东城缺水，国王下令将老东城迁往难河东岸边新建，后改称新东城。公元1817年，难河洪水泛滥，导致新东城大面积洪水肆虐，大量房屋和寺庙损毁。公元1819年，难国国王帕雅素娜提维腊，重建难国国都，将新国都建于新东城以北3公里，距离难河800米。此后，难国国都一直延续至今。

研究发现，难国的历史发展与兰那王国、素可泰王国、帕耀王国是同一时期的。难府地方志还记载了："公元1322年，临近的帕耀王国率军攻打难国勐波，同年帕耀国军队攻克勐波城。难国国王帕雅帕弄向素可泰国求援，导致难国成为素可泰王国的藩属国。公元1356年，素可泰国王驾幸亲临难国勐波城，与难国国王帕雅刚勐王共同举行佛教仪式，为难国中心佛寺和且悍佛塔举行奠基盛典。之后，难国也多次出兵支援素可泰王国抵御泰国南部的阿育塔雅王国的侵略。公元1378年，素可泰王国被阿育塔雅王国吞并。"

难国长时间保持独立，直到公元1450年（帕雅洛嘎腊王时期），兰那国王为掠夺难国的盐矿资源，大举出兵攻打难国取胜，

---

① 且悍佛塔为泰文音译，是难府历史最悠久的佛塔，有难府第一塔之美称，为兰纳王朝12塔之一。

难国并入兰那王国版图，成为兰那王国疆域内的附属国，并在清迈设立管理难国的统治机构。公元 1560 年，缅甸攻打兰那王国，兰那王国沦为缅甸藩属，难国也难以幸免，同样沦为缅甸藩属。缅甸在难国施行残暴的统治，导致难国人民不满，多次反抗。公元 1600 年，原难国国王帕雅诺罕率兵攻打清迈未果，难国国王被迫逃往老挝万象。公元 1624 年，难国新国王昭温勐富国强兵后，与缅甸王朝掌控下的清迈王昭发素托腊交战。难国战败，昭温勐逃到万象。

公元 1785 年，缅甸军队被泰国当地的起义军驱赶（郑昭王部队），在泰国各方力量的支持下，缅甸退出兰那王国疆域。难国从此并入泰国曼谷王国版图。蒙固王陛下（曼谷王朝四世王）昭告委任召阿南达般若为难国藩王，负责管理难国一切大小事宜。虽然难府归属曼谷王朝，但仍享有高度的自治权。难国藩王有权委任难国内大大小小官员的权力，执行难人自我管理制度。

难国施行的政权组织主要有双重体系。第一重体系：领主层面的统治体系。由难国藩王统治管理各地大大小小诸侯王，通过议事庭或议会内阁参政议政的形式管理难国内大大小小的城市。第二重体系：基层村寨头人层面的统治体系。城里的大大小小基层村寨，由村寨头人和长老管理。

召銮（大王）在难国整个统治体系中权力最大。召銮拥有至高无上的权力，召銮有权制定法律法规，议事庭商定的文件由召銮核准。召銮之下还设召吾巴拉乍[①]（副王）、召贺那（宫殿总管）、召拉差翁（内阁大臣）等重要官职，难国统治机构中的权利，一般由与难国藩王有血缘关系的贵族担任。难国重要的权利机关"议事庭"或称"议事内阁"，整个议事庭由难国 32 位大小

---

① 召吾巴拉乍：巴利语，意为副王或二王。泰国大多采用巴利文为官名。

官员组成。其中较为重要的 5 位大臣，以及余下的官员。

鉴于下文均为难国议事庭官员名称和大官阶大小职责，本文在此说明从略。

难府传统的"奴役制度"很大程度上与曼谷王朝的统治形式无疑。难国的国民均有义务服奴役。男子凡年满 20 周岁、身材健硕，均要记名编册，成为鲁诸①，受命于统治阶级。除了鲁诸之外，还有很多专侍领主的宫廷佣人或家仆。这些宫廷佣人或家仆一般是战时从战败国掠夺过来的奴隶。这些奴隶要获得和百姓般的自由身份，则需要用钱来赎身。难国的宫廷佣人和家仆，绝大多数为难国与西双版纳和老挝发生战争时掠夺过来的。

难国人民大多以种植水稻为生。由于土地王有，百姓耕者虽有其田，但仍需向统治领主提供俸禄。难国有专门的国家粮仓，人民在耕种水稻收割谷物后，则要负担 10 担稻谷给国家粮仓，也可负担与 10 担稻谷等值的货物，如铁、盐、茶等。

难国的这种统治形态一直继承持续了很长的时间。虽废除了"奴隶制度"②，但难国仍然延续封建的统治模式，二战期间曾征派大量的人民修筑公路，开挖沟渠，派遣大量奴隶作战，成为日军侵略中国的"支那部队"。战争期间，百姓也要为战争买单。每逢战事，难国的人民还需支付每人 4 泰铢的税赋，男子 15 岁以上均要参战，否则就支付巨额的钱。很多不愿参战却没有钱的男子，躲到深山老林或逃往老挝。这种统治模式延续至近代时，特别是泰国步入近代社会后，有了很多变化。公元 1892 年（泰国拉玛七世王时期）政治变革施行君主立宪制，泰国施行划府而治。至此原统治难国的贵族阶层其统治政权纷纷丧失，难府贵族阶层最终

---

① 鲁诸，意为侍卫或侍卫，战时主要为统治者服役，平时主要服劳役。
② 泰国朱拉隆功大帝（五世王）时期，1899 年颁布谕令废除奴隶制度。

都没落而终。难国才最终成为泰国北部的一个府。

二 迁徙与定居过程

"拣菜入篮，掠人入城"政策时期，是兰那杰敦王（召杰敦）为拓宽疆域、发展扩充兰那王国而制定的政策。这个政策导致了兰那国不断对外发动战争，也为兰那王国带来了更多的外来人种和族群。生产力的不断发展和日益膨胀的权利观念，兰那王国不断地通过对周边兄弟国家发动战争来拓宽自己的疆域。兰那王国茫莱王执政到杰敦王执政期间的这200年间，由于没有相对明显的国家政治疆域界限，相对自由的人员往来和访亲探友，导致了大量的外来族群进入难府疆域内，有大量的族群迁徙并定居在难府。人口迁徙的浪潮不断持续，推动了难府当地文化的发展，以至于难以区分开傣泐人、泰元人或是别的族群。

（一）茫莱王时期傣泐人的迁徙与定居

难河流域附近的河谷地带，历来都是民族迁徙的自然走向。从早期国家的产生开始到国家的不断扩大发展，迁徙活动一直不断。难河流域内就有很多古老的城市，诸如清坎、清焕、清孔、清銮、勐波等，人口一直在不断流动。加之该地区水系丰富，语言相近、习俗相同，人民之间的流动很自由，贸易十分便利。

通过查阅相关的文献资料发现：长久以来，大量迁徙定居到难府的傣泐人，其迁徙的路线主要是通过西双版纳经老挝（陆路通道）进入泰国难府的。迁徙进入难府的傣泐人逐渐开始定居。当战争又起，傣泐人为避战乱又辗转迁徙，转移到另一个相对和平的地区定居。所以难以确切地论断，迁徙到难府的傣泐人就没有再迁徙过，或者进入难府后就一直安稳地定居。

例如：通过对难府古地名"勐养国"或称"勐普卡"考察，"勐养"现为难府波县西拉披乡的曼坝东（蕉叶寨）。这就是一个

傣泐人村寨迁徙进入难府古国"勐养"安顿后,又因躲避战乱辗转迁徙,最后才定居曼坝东(蕉叶寨)。勐养的历史是这么记载的:

勐养国因养河而得名。公元1278年,首领帕雅普卡带领220人在曼会黑建寨,发现距离曼会黑不远的勐养是个物产富庶的地方。帕雅普卡便带领族人离开曼会黑又迁徙到勐养。勐养原来是佤族人居住的地方,当时仅存一座荒废的佛寺。帕雅普卡便在勐养曼甘蚌修筑城池、建立国家,人民便拥戴帕雅普卡为统治勐养的君王。之后,便有从清盛和西双版纳的傣泐人迁徙过来,在勐养的曼塔沙建寨。勐养国人民一起建设家园,重新修复了佛寺佛塔,让佛教在此兴盛。帕雅普卡执政期间,勐养境内物产丰富,田里有米,水里有鱼,人民安居乐业。帕雅普卡有两个儿子,长子坤弄跨过湄公河到勐养东岸建立喃勃拉邦城。次子坤峰在湄公河西北岸兴建勐波城。整个勐养国疆域大为扩展,成为临近素可泰王国的近邻。勐养国因此受到素可泰王国的影响,修建了很多素可泰"锡兰式"佛塔,城内遍植菩提树,佛教成为当地人的重要精神生活。后茫莱王在清盛崛起,后不断扩张,统一了泰国北部各部,建立兰那王国,并将国都迁都清迈(新城)。

缅甸人攻打兰那王国后,难国也沦丧。小小的勐养国也受到冲击。勐养王帕雅帕农和勐养国的人民被掳劫到别的地方。战火佛寺佛塔被焚毁,整个勐养满地荒凉。公元1703年,缅甸景栋的勐恋王,率领大量的景栋傣泐人进入勐养,重新建寨立国,新建了曼那罕、曼贺东等几个重要的城镇。勐养又再度繁荣起来。之后缅甸战败,退出兰那王国疆域后,难国的藩王接管了勐养。公元1797年,勐养爆发严重洪水泛滥,人们不得不再度迁徙。难国藩王阿南达般若亲自选址，将原勐养的百姓迁建新址，并接收了大量从勐勇（缅甸）、清盛、清莱迁徙过来的傣泐人。

从勐养的历史记载可以看出：现在居住在难府波县人数众多的傣泐人，最早是通过喃勃拉邦城跨过湄公河在勐养定居的，并且傣泐人还形成了规模较大的城镇群。这段历史，比茫莱王统一兰那王国定都清迈的时间还要早。虽然首领帕雅普卡是否是傣泐人历史典籍没有明确记载，但是勐养大量的历史遗迹、佛寺佛塔和傣泐人的"闷发"（水利沟渠体系）都证明了傣泐人在勐养定居发展生息。佤族虽是勐养的原住民，但随着傣泰族群的不断迁徙定居，城镇规模不断扩大。勐养的傣艮人、勐勇的傣勇人、清莱的傣泐人、清盛的泰阮人与从老挝迁居的傣泐人在同一个地域生活。随着战争的更迭，族群迁徙的步伐又起。以至于难以断言，哪里才是古代傣泐人真正定居生活的地方。

傣泐人迁徙定居难府的历史一直都是令学界感兴趣的课题。它不仅和民族迁徙、民族融合发展问题相联系，还和地名学研究发生关联。很多傣泐人居住的村寨名大都与"佛祖巡游"故事有关。佛祖巡游赐名的这类故事，被一代又一代的傣泐人传承，诸如曼老寨、曼东海寨、勐景刚等。

（二）杰敦王（召杰敦）时期的迁徙与定居过程

除了上述傣泐人迁徙定居的历史材料外，从难国被缅甸统治到摆脱缅甸统治光复难国的这段时期，难国的史籍和历史遗迹也记录了傣泐人进入难府的过程。

缅甸统治难国时期（1557—1773年），难府人民为争取摆脱缅甸人的统治，不断反抵抗缅甸政权。缅甸统治当局出动大量军队进行镇压，但难国和兰那王国的泰人均同仇敌忾多次共同抵抗缅甸的统治者。战争导致难府大量的人民被掳劫到缅甸的仰光。公元1774年，清迈、南邦、南奔摆脱缅甸统治宣布独立。在曼谷义军的共同努力下，将缅甸人驱逐回缅甸，最终光复了泰北的国土。大量流离失所的人民和躲藏在森林的人民重返家园，远离战乱的人民重新建设城池，修筑防御工事。

难国恢复重建家国的步伐相对较慢。1787年，难国藩王阿南达般若上书曼谷王朝恳请执行"拣菜入篮，掠人入城"政策，通过移民或发动战争手段，加快恢复重建难国进度。难国地方志记载："为了得到更多的人口帮助重建，难国发动战争将大量的傣泐人掳劫到此。1789年，600名勐勇（缅甸）的勐傣勇人、傣泐人被掳劫到难国；1790年，应难国藩王请求，清孔王同意了500户百姓自愿搬迁到难国的请求。公元1805，难国国王出兵攻打西双版纳，俘虏西双版纳国王和贵族押送至曼谷；1811年，难国国王将西双版纳勐腊、勐捧、景宽的6000多傣泐人掳劫到难府。"

1845—1855年的难国连同曼谷泰人义军发动"缅甸景栋战争"，导致大量的傣泐贵族和平民被俘虏到兰那的土地上。发动景栋战争源起西双版纳景洪贵族集团争夺统治政权，西双版纳召片领上书泰王恳请泰国出兵平息。泰国也打算将权力范围扩大到西双版纳景洪，但军队抵达景洪需要经过缅甸景栋，为达到这个目的，就必须先攻占景栋。通过发动"景栋战争"，难府又从西双版纳掳劫到大量傣泐人。难国将西双版纳的傣泐人和老挝的傣泐人大量迁徙掳劫过来后，人口数量大幅上升，重建步伐不断加快。难国傣泐人的迁徙路线①大致是从西双版纳—勐勇—勐列—勐洪萨—勐恩—勐波（难府）。

通过对难府实地考察和对傣泐人的访谈，整理出58个傣泐人的村

---

① 此地名为泰文音译，现今地名待考。勐勇今为缅甸联邦。

寨的来源表。（大量涉及难府现今地名，泰国的行政区划与我国县乡村行政划分情况不同，本书仅列出部分村寨做参考。）

县	乡（镇）	村（寨）	迁徙来源
波县	巴纳 巴纳西普庄帕希拉帕 希拉帕 西拉亮	曼敦夯 曼农波 曼銮姆 曼乌 曼纳罕曼因猜 曼法	勐腊（中国） 勐腊（中国） 勐腊（中国） 勐乌（老挝） 清盛（泰国） 勐勇（缅甸） 景洪（中国）

难府傣泐人的原聚居地范围十分广阔。西双版纳、景栋（缅甸）、老挝、兰那诸国的勐腊、勐列、勐宽、勐捧、勐勇、勐乌、勐累、清强、勐醒、勐洛各地。综合难府傣泐人迁徙定居的材料分析可以得出以下三点：

第一，上述的这些国家地区，都是臣属于兰那王国政权下的属国。兰那王朝强大时，上述各地与兰那王国达成同盟兄弟国家。各国的疆域很大程度上取决于统治国家的势力范围，地区之间没有明确的国家界限。

第二，"拉家常式"的民间往来十分便利。不管是西双版纳、景栋、老挝、兰那，人民之间的往来、贸易十分频繁，加之地域相接，语言接近，习俗相同，人民在不同城市国家游走。

第三，难府早期就有傣泐人进入居住，并且难府境内有很多傣泐人兴建起来的繁华城镇。从难府当地记录的法律文献看出，当时管理这些大城邑的都是傣泐贵族。这些城镇基本分散在湄公河沿岸，如湄公河东岸的清孔、西岸的勐醒、喃勃拉邦。

难府傣泐人的迁徙和定居过程，从古代起就已开始。从自由往来迁徙定居，到为扩大势力范围的冲突，特别是为争夺人口资源的战争而引发的迁徙，一直都在这一地区持续。西双版纳在与暹罗军战败后大量傣泐人被掳劫到泰国，战争导致了西双版纳生灵涂炭，草木荒芜，人口不断减少，处处荒凉。杰敦王（召杰敦）时期，为拓宽疆域、加快难国的重建而制定的"拣菜入篮，掠人入城"政策导致了大量傣泐人进入难府。不管傣泐人迁徙是自愿或是被迫，趋利避害，远离战火，重建新的家园是族群求生存的唯一途径。这些迁徙到难府的傣泐人与各个族群相融合、团结和睦相处，成了难府新的居民。

通过统计难府各县乡傣泐人的村寨得知，难府是泰国北部傣泐人居住最多的府。傣泐人的村寨分散在泰阮人的村寨周边，彼此相通的语言和生活方式，彼此的文化相互影响发展。以至于难言相互文化的高下。无论如何，大量傣泐重新定居并与当地融合和睦相处，并较为完整地保存了傣泐特有文化特征，这与傣泐人不断调整和适应能力息息相关。傣泐人通过适应难府的政治、经济、社会与文化，借助语言和生活习俗方式相同相近的便利条件，不断地进行调整，使之完全融入泰国的社会。

（三）傣泐人在难国政权统治下的形态

傣泐人进入难国，归属难国的政权统治管理之下，一方面要保持自己的社会和文化特征；另一方面要不断调整适应难国的政治环境。在当时，难国和西双版纳的政权形态有很大的相似性。西双版纳的政权形态可以用一句话概括："汉族是父亲，缅甸是母亲。"西双版纳的政权地位受制于中原王朝和缅甸王朝，也是藩属国。虽是藩属国，但由于远离中原和缅甸两大政权中心，西双版纳领主政权一直都能维持自己统治。西双版纳的广大土地和全部资源都是国王的。国王召片领是西双版纳一切的主人。"南召领召"（水王有、地王有）是当地的真实写照。国王之下还有拥有血缘关系的各个召勐（诸侯王）、召竜、大臣组成。难国的政权形态也大相径庭，难国也臣属曼谷王朝，是藩属国。难国国王需要接受曼谷王朝册封任命，在难国国王在辖境内拥有一切权利，水土王有，统治机构由昭銮和昭乃和大小官员组成。难国国王享有接待国宾、皇室礼仪的权利。

难国的统治政权有着严密"坤乃"体系（内政体系）。"坤乃"政权组织体系主要分为五个部来管理。

（1）行政部。主要管理难国昭銮的日常的政务、法律、经济、财务事宜。安排操办难国的各种皇家典礼。

（2）史籍部。主要有精通语言历史的官员负责，记录国王的生平史实和疆域情况，以及藩王交办议事庭处置的各类文件。

（3）宫务部。主要负责难国昭銮所在宫殿、行宫的人身安全。维护修缮宫殿和行宫、车辇及各种配置。

（4）宗教部。主要主持难国重大的宗教和祭祀活动，还有以国王身份开展慈善救济帮扶工作。

（5）内务部。由内大臣主要负责藩王的饮食起居，管理侍卫和为统治者提供服务的家臣、家奴。

在土地政策方面，西双版纳和难国的政权组织体系相似。国王均拥有至高无上的权利。通过执行"萨迪纳"（授官等级制度），将土地分封给百姓耕种，得到土地的百姓向统治者提供粮食谷物。而大大小小官员按照不用的官阶等级享受俸禄。西双版纳的官阶依据水田面积大小，主要分为七个等级。分别是：十万田级、万田级、大二十田级、小二十田级、十田级、小十田级和五田级。

西双版纳的还有一套土地政策即"波朗"制度。"波朗"制度是统治阶级通过向各地派驻"波朗"（土地大臣），督促各地各勐的耕种情况，成为各地的代表，直接向统治者报告，加强促进了中央政权与地方政权的管控。

难府的地方志也有这方面的记载。只是委任监督土地的官员称呼不同，实际上都是帮助统治者控制土地的帮凶。这一政权组织形式和兰那国也大致相同。

三　傣泐人的信仰与社会意识

傣泐人信仰南传上座部佛教。与此同时和兰那泰元人一样信仰万物有灵的原始宗教。佛教成了统治机构控制百姓的一种强有力手段。通过佛教思想宣扬前世、今生的因果轮回思想，让百姓自给自足，满足于现状。但是在早期社会，佛教的影响远没有原始信仰的影响广泛。老百姓们认为在大自然世界里，任何东西都是有灵魂的，能够掌管一切的就是这些神灵（或者灵魂）。这种"万物有灵"的原始宗教思想在社会中广泛影响，以至于原始宗教发展影响到族群生活的方方面面。这些原始崇拜处处存在，诸如：村寨、农田、江河、水利沟渠、森林等。

这种对鬼神的崇拜不断发展演化，成为村寨日常生活的一部分，不断发展成为一种敬畏神灵、祭拜鬼神的仪式。人们进村入村或出远门时，都会祈求寨神勐神的保护庇佑，要提前告知勐神社神。与仪式相对应的是祭祀仪式的规格问题。一个国家最大的神灵就是勐神、社勐（国家的神灵），祭祀必须由国王昭銮、召片领主祭。祈求勐神社神保佑一方土地风调雨顺，物产丰腴。人民要归顺国王，服从国王的统治，神灵会保佑家庭和顺，人民安居乐业。

难府部分傣泐人的保护神（神灵）

县	乡、镇	村寨	保护神（寨神"披曼"）
塔旺帕县	巴卡乡巴卡乡庄帕乡勇镇	曼敦夯 曼农波 曼乌 曼孝	召竜勐腊 召竜勐腊召竜罕亮 召竜庄将

第二章　泰国傣泐人与中国傣族历史关系　　61

（续表）

县	乡、镇	村寨	保护神（寨神"披曼"）
波县	西普 希拉帕 希拉帕 希拉帕	曼銮姆 曼纳罕 曼巴东 曼因猜	召竜勐腊 召竜普卡 召竜普卡 召竜景洪

在许多傣泐人村寨的保护神中，其中"召竜勐腊"保护神的影响力很大，成为难府傣泐人熟知的保护神之一。尤其是曼农波村、曼敦夯村和曼銮姆村，这三个傣泐人村寨都是在曼谷王朝拉玛一世王时期，从勐腊（现云南西双版纳州勐腊县）迁徙过来定居到难府的。因此，当地的傣泐人十分敬仰召竜勐腊，让召竜勐腊成为保佑村寨的保护神。每逢三年一次的祭祀活动，三个村寨的人都要举行隆重的祭祀典礼，典礼为期三天，关闭寨门，非此三寨的傣泐人不得进入。主祭人都是迁徙到难府，并且拥有召竜勐腊血缘关系的官员和子孙。

波县的曼龙叶村，每年也会举行祭祀仪式。祭祀的保护神是召竜昌鹏亚求（绿牙白象大神），据说该保护神生前是缅甸景栋勐泐的傣族首领，之后迁徙进入难府定居，首领死后被村民拥戴推举为保护神，寨子内还建有神龛，每年都要举行祭祀仪式。

不同的傣泐村寨都有各自的保护神，这一切都反映了傣泐人深刻的故土家园情结。虽然处于难府统治机构的政权下，但却能很好地融入当地的社会风俗。难府和西双版纳的信仰和社会思想都比较相似，两地人民的风俗习惯也相同。不同的族群都能和谐共融，以操稻作为基础的社会，有着相同的经济发展程度和政治形态。人与土地、与大自然紧密联系。傣泐人迁徙定居在难府，很好地调整适应了难国的环境，和泰元人一起享有平等的权利。虽然族群不同，敬畏信奉的保护神不同，但两地相类似的"萨迪纳"

封建统治制度和政权组织形式，让傣泐人、泰阮人在长时期里友好和睦，没有矛盾隔阂，都在难国共建新的家园。

四 难府傣泐人的人生礼仪与文化

难府的傣泐人一直保存着原始的信仰与古老的人生礼仪，长期以来都还保留着独具傣泐人特色的风俗习惯。细数难府长时间的建国建寨史可以发现，不断迁徙的外来族群，诸如清迈、南邦、清孔、西双版纳人、老挝傣泐人，都带来了大量各具特色的外来文化。

难府的地理环境也导致了各个族群相互的直接交往和密切共融，人与自然成为一个整体。从难府各处的地名可以看出当地人与自然联系之紧密。例如：曼巴东（蕉叶村）、曼湍（平坡村）、曼农波（莲花池村）、曼贺南（水头寨）、曼浓（湖泊村）。这些古朴的地名反映了傣泐人与自然，与地理环境相依相融。虽然社会在不断地变化和发展，但傣泐人的村寨，至今还保留着独具自身特色的人生礼仪、古老禁忌和文化习俗。

（一）傣泐人的人生礼仪

傣泐人迁徙选址定居在临近江水、河畔的平谷地带，以稻作农业为生存之本，反映了傣泐人对土地和水源的重视程度。傣泐人建寨往往会选择背靠大山、一面临水、地势较为开阔平坦的地方，为的是能有丰富的水源和田地。与此同时，傣泐人还建立起一套成体系的"闷发"制度（水利灌溉体系），并且严格地执行。傣泐人除了保证种植好水稻外，还会在入夏农闲时进行贸易，如贩盐、贩牛、贩米、贩槟榔和织锦。傣泐在各族群中是以进行贸易买卖见长的人群，尤其是傣泐织锦。

傣泐人家庭里一般男子打铁，女子纺织。古代男子的服饰呈衣对襟、头缠布巾、爱挂包、带短刀，四季常赤足特点。热季往往只用一块布包裹下体，不着上衣，头上缠着青色布巾。傣泐男子有纹身的习俗，在胸、背、腹、四肢等处纹黑色的文字符号或狮虎、麒麟、孔雀等图案。出门会佩带短刀，以示勇敢或祈求吉祥之意。傣族男子一般不戴饰物，偶尔也会发现他们的手腕上有一只闪闪发亮的银镯。镶金牙、银牙是他们的喜好。他们通常把上好的门牙拔去，换上金或银做的假牙。

傣泐女子的服饰以传统的短衫和筒裙为主。古代女子往往只用一块布裹住上体，下身着筒裙。腰上系上银腰。傣泐女子的服饰大多上身着紧身内衣，外罩紧身无领窄袖短衫，下穿花彩筒裙，长及脚面，并用精美的银质腰带束裙。傣族妇女讲究衣着，追求轻盈秀丽的装束。傣族女子喜将长发挽髻，在发髻上斜插梳、簪或鲜花作装饰。傣族妇女都喜欢戴金质、银质的手镯、戒指、耳坠、项链等首饰，首饰空心居多，上面刻有精美的花纹和图案。

(二) 难府傣泐人的风俗习惯

难府傣泐人的古老风俗习惯大致上可以分成三个方面，即家庭之中的禁忌、农耕方面的风俗仪式和村寨的习俗。这些古老的风俗包括了一个人的出生、生病、死亡、祈求家庭幸福平安几个阶段，反映在这些活动的仪式中。体现在人与自然环境相适应时，依附自然、敬畏自然、回归自然的农耕理念。

无论举行什么样的仪式与活动，都要挑选适合时宜的黄道吉日。因为傣泐人相信每个月都有好的日子和不吉利的日子。难府的傣泐人很久以来都一直按照下面的口诀记载黄道吉日：

四月、八月、十二月中，不吉利的是周五和周三；

一月、五月、九月，不吉利的是周日和周一；

二月、十月、六月，不吉利的是周二；

三月、七月、十一月，不吉利的是周六和周四。

傣泐人的月份与兰那泰人的一致，下表为傣泐人与泰国中部泰人月份对照表。

傣泐（兰那）月份	泰国中部泰人月份
正月或一月	十月
二月	十一月
三月	十二月
四月	一月
五月	二月
六月	三月
七月	四月
八月	五月
九月	六月
十月	七月
十一月	八月
十二月	九月

（三）家庭中的习俗

傣泐人家庭中的古老习俗包括了出生、结婚和死亡三个阶段，这些仪式反映出傣泐人的人生礼仪和当地人祖祖辈辈继承下来的信仰。这些习俗与傣泰各个族群的风俗习惯相似，尤其与泰阮和泰艮更为接近。

在古代，新生命的降生对一个家庭和族群而言具有重要的意义。一个小生命从出生到健康成长被寄予很高的希望，因此要举行重要的祝福仪式，祈求孩子健康成长。在当时医疗条件不好的情况下，产妇和小孩的死亡率很高，为了保佑母子平安，人们不得不祈求鬼神的帮助。当小婴孩生下来的时候，要用过旧的棉布包裹住婴孩，由一位年长的妇女或是家族中的年长的女人，抱到楼梯口放下，用脚踩踏楼梯口木板，边踩踏木板边叫唤"鬼啊，鬼啊！赶紧来抱小孩"。这一习俗至今还和西双版纳景洪农村地区生小孩的习俗相同。景洪农村地区傣族生小孩时也要抱到楼梯口边跺边念"鬼啊,鬼啊!要拿你就趁着婴孩还红的时候拿,不拿我就要拿回去养了"。认为:我已经告知鬼神了,如果你(鬼神)不要,我就获得养育婴孩的权利了。难府各地也有相类似的生育习俗。

随着孩子的不断成长,还要举行种种仪式来祈佑孩子健康茁壮成长。孩子出生七天,大人将会为孩子举行"起名礼"仪式。在白色棉布或是贝叶上记载孩子的姓名、出生年月、生辰八字等信息,以便当孩子生病时巫师占卜之用。之后家中的长辈还要举行"拴魂礼",男性婴孩应该要先拴住右手,女性婴孩则要先拴住左手,以保佑孩子健康成长。

产妇生育完小孩,还要坐月子,要忌口。古时孕妇一般都在火塘边生育孩子,也要在火塘边坐月子,以便身体恢复。等孩子满一个月后,村寨子里的老人要为孩子和产妇举行"满月拴线礼"。会给孩子脸上搽黑色的植物粉末,戴上小护身符。戴护身符是为了让孩子茁壮成长,长大后无论在哪都能平平安安找到返家的路。给刚满月的孩子搽上黑色的植物粉末,是想让鬼看到小孩长得丑,鬼就不会把孩子带走。

傣泐人的结婚仪式在古代并不奢华,在于强调家庭增加了新成员。傣泰民族过去结婚时,都需要在女方家待一段时间才可以搬回来居住。傣泐男女双方都有恋爱的自由,且恋爱的方式很多。"邀扫"(串姑娘),是小伙子主动追求姑娘的主要方式。根据传统的风俗习惯,大约在秋收后,谷物已经归仓的闲暇时间谈恋爱。傣泐女子,一般不到男青年家中串访,主要是借助晚上到寨场上纺线的时候,与中意的小伙子幽会谈情。每当夜幕降临,傣泐女子梳妆打扮后,就会带上凳子,抬着纺车,来到寨场中间纺线等待心爱的男子前来约会。男子往往会带着竹笛或琴与女子弹琴说爱。

　　傣泐男子择偶一般选择形貌美丽、勤劳贤惠的女子。女子择偶一般选择身材健硕、性格好、勤快本分，不沉迷烟酒、赌博，举止修养好的男子。当男女双方决定结婚后，男女双方夫妇还要有一个提亲商议的过程。一般由女方添置结婚的彩礼，如被子、被褥、蚊帐、床罩和衣服等。按照以往的传统，女方还要带上一只鸡和一瓶酒，以便"召婿"。因为男子被视作一个家庭的重要劳动力，男女结婚后，相当于女方得到了一个劳动力。结婚的时间往往挑选双数月份，如六月、八月和十二月（初夏节以后①）。结婚仪式往往先在女方家举行，先邀请村寨里三至四位德高望重的村寨长老或老人，由长老念诵教育为人夫妻的道理和美好结婚祝词，然后举行拴线祝福。结婚仪式过后，要杀猪宰牛做婚宴。晚上男子就入住女方，但第二天早上天还不亮就得返回男方家，须由女方家派人去把新郎请回来。

　　男女结婚后跟父母共同生活满一到三年，之后家里的长子往往会搬出来单独建房生活。当新房建好后，也要举行隆重的"上新房"仪式。傣泐人的"上新房"仪式很有特点。必须先祭祀司水女神（大地女神：喃托拉尼），由一男一女（男的名字要为珍宝，女的名字要为金银）先拿着蒸糯米饭用的蒸笼和锅先上新房，生火煮饭，然后让挑着稻谷的人第二个登上新房，接着才让搬各种生活用具等物品上新房。有时候会看见在新房正中间会悬挂渔网，以祈求以后能多打到鱼。之后才能在新房里准备乔迁宴。

　　过去傣泐人建房并不复杂。基本上是全村寨的村民一起帮忙搭建，搭建完后便举行上新房庆祝仪式。在上新房庆典上，有一个

---

　　① 傣族在关门节或守夏节期间不能出远门、上新房、结婚，需安心稻作生产后，出门节或出夏节完方可。

很重要的仪式必不可少,即给"火塘三脚架拴线"仪式。一幢竹楼里火塘三脚架最重要。古时没有火塘三脚架,只有用石头堆成的三角石桩,烹饪食物时就将食物放在三脚架上。火塘三脚架见证了傣泐人的每日生活,因此火塘三脚架具有很高的地位。给"火塘三脚架拴线"时,将各种祭品水果鲜花放在芭蕉叶做成的芭蕉盒里,放在火塘三脚架旁边,然后念诵祝词。

傣泐人的葬礼是村寨里最重要、最能反映傣泐人团结的一个仪式。当村寨里有人去世了,就会有人报丧。报丧时往往不说逝者的名字,只用大家熟知的称谓称呼死者。收到消息的村里人就会过来帮忙一起料理丧事,在村寨的公共坟地里挖坑,挖土的工具必须放在丧家,等葬礼全部结束高僧念完经祈福后才将工具拿回家。全村的人都要到丧家操办丧事、吃饭,直至仪式结束。

(四)农耕方面的风俗仪式

傣泐人大都以种植水稻为业。古时候也有商业,但是商业规模小,仅限于简单的家庭农产品和手工制作。就连食盐贸易一年也仅两次而已。人们的生存基本上还要依靠稻作农业,因此当时人民的生活与大自然联系极为紧密,建立起一套和大自然规律相关的仪式。难府的傣泐人在农耕方面最重要的仪式是祈水与保护水的仪式。

水对于种植水稻的民族其重要性不言而喻。泰国北部大片的土地生产用水主要依靠大自然的降水(雨水),要使降水最大化地使用在农田种植上。难府的地理自然环境与别的府不同,热季的时候炎热干旱,冬季的时候干旱寒冷。因此,必须有一套严格的水利体系能将有限的自然降水更广泛地适用于稻田。因此,产生了关于水方面的仪式,即祈雨和祭祀农田水利的保护神。

难府的傣泐人有很多祈雨仪式,和泰国东北部的求雨仪式差不多。其中较为常见的祈雨方式为:迎猫神、迎金齿鹏鸟神、迎白象神仪式。迎猫神仪式一般在晚上举行，猫被拴住脚后关在一个小竹笼里，然后抬着这个竹笼绕村寨绕三圈，然后抬到寺庙，围绕佛寺大殿，从寺庙门左边开始向右方向绕三圈，然后由祭司和佛爷念经求雨。迎金翅大鹏鸟神的仪式和迎猫神类似，只不过，村面抬着的金翅大鹏鸟是用竹子编织装点而成的。据说金翅大鹏鸟是娜迦龙王的敌人，而且喜欢捕获娜迦龙王，因此要祭拜金翅大鹏鸟，让掌管雨水的娜迦龙王能回到江河里，让四季风调雨顺。迎白象神仪式，也需要用竹子编织成水牛般大小的白象，然后将绕村三圈念过求雨咒语的白象放置在深湖里。还有较为普遍的求雨仪式就是准备鲜花、蜡条、水果等祭品，放在佛塔周围，通过佛教形式滴水祈福求雨。

　　傣泐人还有一种和东北泰人相同求雨的仪式，即燃放土火箭"高升"，祭奠天神求雨仪式。整个村寨的人都会抬着制作好的土火箭，载歌载舞，唱着放高升的曲调，把土火箭抬上自己搭建好的发射架。有时也会有别的村寨一起参与庆贺，共同祈求雨水丰泽，大家共同欢乐。

　　兰那的稻作业也一直依靠传统的水利灌溉体系。每个村寨都有灌溉用的沟渠，各个村寨都有专人负责管理和如何分配灌溉用水。村寨管理沟渠的专人叫"乃闷纳发"（沟渠官），由村里挑选德高望重、处事公允、口碑较好的人出任。沟渠官一般不从事水稻作业，只管理沟渠。待村民的谷物收割后，食俸禄（一家1—3担稻米），全村的人须在沟渠官的带领下，每年耕种前要维修沟渠、疏通沟河水道，沟渠修缮后还要认真检验，以保证农作用水。最后还要举行隆重的仪式，祭祀沟渠保护神，举行隆重的开耕仪式。

　　农耕方面的习俗，除了求雨、祭祀沟渠保护神外，还有祭祀谷神、祭祀司水女神（喃托腊尼，大地女神）和给水牛拴魂或称"拴牛魂"，祭祀田神，在水田边上插"达撩"（竹篾编织而成，用于祭祀之用）。这些繁多的仪式，体现了操稻作业的傣泰族群为了保证农业生产能顺利丰产，而求助于自然界，求助于鬼神保佑的原始思想，是一种朴素的原始观念。

（五）村寨的习俗

傣泐人不仅信仰南传上座部佛教，而且还信仰原始宗教，还有各种各样的信仰，导致了人们的佛教信仰具有不同的特色。一边供奉佛龛，另一边又供奉神灵。难府傣泐人村寨都会有举行佛教仪式的佛寺，还会有供奉神灵的神龛。由此也就产生了更为独特的仪式，如祭祀寨心、祭祀寨神、祭祀勐神等。

灵魂崇拜是从人类最原始的信仰发展而来，随着社会组织形态的发展而不断变化。这些原始的鬼神信仰，在人类日常的生活习俗、文化、艺术上都留下了大大小小的痕迹。随着人类社会的发展，人们对鬼神的信仰逐渐下降，逐渐开始信仰佛陀。宗教意识的发展往往不是人为，而是自发的、任意的。

敬畏鬼神的信仰，逐步地融入傣泐人的生活习俗里。傣泐人祭祀寨神，是出于对寨神的尊重、感恩和祈求保护。寨神往往是祖先或是带领大家迁徙的首领，死后被推举拥戴成为寨神。难府傣泐人的寨神研究一直是学界很感兴趣的课题。难府的这些寨神大多是傣泐人的祖先或是原建寨的首领。例如曼宋养是从勐勇迁徙过来在难府建寨的，村寨的保护神有召帕罕、昭銮普卡、召龙阿雅、帕雅乌、召应悗，这些都是勐勇的傣族首领，死后被尊奉为寨神；曼敦悍祭祀的寨神是召竜勐腊、勐乌；曼乌祭祀寨神是召乌；曼巴东祭祀神是龙普卡；曼栋拦和西双版纳景洪傣族一样祭祀寨神是召竜孟罕；曼农连祭祀寨神是从清孔迁徙来的召銮暹答。

除了祭祀傣泐祖先和原建寨首领外，还有一些在历史上重要的人物，往往也会成为祭祀的神。如昭帕雅帕农是建立难国前的王，曾经帮助过当地人驱赶外敌，因此也供奉为该村寨的保护神。这些保护神都被各自村寨的人民供奉在神龛里，人们都相信，有了保护神的庇佑，村寨才能平安幸福，如果不好好供奉，则会引起灾祸。

傣泐人村寨里经常会举行祭祀村神寨神的仪式。全体村民们都要参加祭祀寨神，大家共同出钱购买鲜花、水果、食物和各种祭祀物品。祭祀活动一致在5月至8月之间，各个村寨祭祀的时间不尽相同。

下表为部分难府傣泐人村寨祭祀寨神仪式表。

寨名及寨神	祭祀的动物	时间	仪式
曼敦夯 召竜勐腊、召勐乌、召竜布东			召竜勐腊三年一祭祀；召勐乌、召竜布东一年一祭。
曼銮姆 召竜勐腊、寨鬼	鸡，一户一只	4月、8月	祭祀贡品鸡、鲜花、蜡条、和桂木条。
曼农波 召竜勐腊、别的神	猪、黄牛、水牛		
曼孝 召竜庄将	大猪一头	4月早10：00	杀猪，用猪肉做祭品。
曼龙刚 召竜景拉	猪	种稻前一个月初8至初12	用猪、鲜花、蜡条，米，钱供奉。

祭祀寨神的仪式经常举行，主要是为了得到诸神的保佑，让全村寨的人都能平安、食物丰盛，耕种的庄稼谷物能大丰收。祭祀寨神的规模和程度主要取决于寨神生平的地位与出身。诸如召竜勐腊，身前就是勐腊的王，死后被拥戴为寨神和勐神（国家一级的）；召竜昌鹏亚求（绿牙白象大神），该保护神生平是缅甸景栋勐泐王，死后被尊奉为寨神和勐神。

难府曼农波傣泐村寨祭祀寨神勐神召竜勐腊的仪式很有代表性。参加祭祀召竜勐腊的傣泐村寨主要有曼农波、曼东悍、曼銮姆三个寨子。三个村寨一起来祭祀召竜勐腊，是因为这三个寨子的傣泐人最早是从西双版纳勐腊共同迁徙过来的。仪式每三年举行一次，每期祭祀为期三天。祭祀的日子也要经占卜选定最好的日子后才行。仪式的第一天，清扫村寨，在村寨的大门插上"答僚"（竹篾编制的祭祀用具，呈六方形），意味告诫别的村寨该村寨要举行祭祀寨神，外人请不要进入，否则要受到惩罚。仪式开始，首先要从曼銮姆邀请和勐腊王有血缘关系的直系亲属担当"国王"，从曼农波挑选主祭司，负责主持祭祀活动的各个环节。村民们首先设仪仗队伍邀请"国王"和主祭司下榻至曼农波寨子的寨心处，在搭建好的凉亭里落座。村民开始表演文艺活动，男女青年丢包，举行赶摆活动。

仪式的第二天是仪式较为重要的一部分。人们又再次列队欢迎"国王"来到曼农波寨子寨心广场，落座在第一天搭建好的凉亭里，"国王"必须着全红色的服装。主祭司的仪仗队伍由一群不穿上衣的男子祭司，捧着各种各样的祭品来到寨心广场。主祭司将祭祀用的各种物品一一放置在寨心处，开始念诵祭词。（由主祭司发问、"国王"回答之方式进行念诵。）祷告毕，主祭祀要先将部分祭品分别供奉到各个保护神的神龛里，主祭司和"国王"一起在凉亭里享用部分祭品。"国王"和主祭司吃过祭品后，男子祭司便要宰杀已经准备好黄牛、水牛和猪，将三种动物首、鲜花、水果、旗帜等放置在召竜勐腊铜像前（神龛），由"国王"和祭司共同祷告，祭祀曾经带领勐腊傣泐人迁徙到难府的英雄，祈求村寨万世安宁，人民安居乐业。

仪式的第三天，则由主祭祀曼农波寨别的保护神，"国王"与全体村民享用昨天宰杀的猪、牛，一起共享丰富的美食，听赞哈演唱，看群众唱歌跳舞。最后，还要列队欢送"国王"和主祭祀回各自的村寨，收起寨门的"答僚"。表示寨神勐神祭祀活动已经结束，外寨的人可以自由出入曼农波寨。

　　难府傣泐人的祭祀寨神勐神仪式，随着社会的不断发展，在部分仪式环节上发生了变化。在以前，村寨里举行祭祀，在寨门插上"答僚"后是不允许外人进入的。但现在，外来的专家、学者、亲戚朋友也可以参加祭祀活动，只需象征性地向寨神勐神缴纳罚款，或布施钱物和贡品。仪式活动上，进行赶摆的规模越来越大，就像过节一样热闹。群众准备的节目也十分丰富精彩，将原本阴森恐怖的祭祀活动不断发展演变成傣泐人祭祀怀念祖先、教育孩子、铭刻缅怀祖先的盛大节日。因此，傣泐人祭祀寨神勐神仪式也成为难府一道独特而亮丽的风景。

　　村寨里各种风俗有的已经慢慢弱化，如以牲口祭鬼神；有的却因独特的族群文化特征而不断强化扩大其影响力，以应对现代社会文化的飞速冲击。面对现代文化的快速冲击，当地的傣泐人不得不采取"形象的物化"手段来保护传统的文化，如：竖立"召竜勐腊保护神塑像"。另外，这些独特的风俗习惯往往成为旅游经济的卖点，也就有了调整、改进风俗习惯，以使当地的傣泐文化更具观赏力和吸引力。难府的傣泐人村寨因此也成为大量旅游者不断涌入的一大亮点。

　　难府傣泐人的生活习俗随时代变化而不断变化。经济的发展和物质需求的不断上升，需要人们在新的环境下做出调整与适应。原本以水稻种植为主的农业方式也开始改变了，村民开始种植烟叶和柚子。大量采用农业机械，使用肥料，采用杀虫剂。人们正一步一步脱离自然力，逐渐采用技术手段来控制自然。越来越多的男女青年走出村寨到外面务工挣钱。电气化产品不断普及应用，人们的生活更加安逸。导致现代人的信仰和观念与过去的差异越来越大，上述的这些都对傣泐人传统社会文化产生了巨大的影响。

　　傣泐人算得上是难府比较大的族群之一，尤其是难府北部与老挝接壤的广大地区。很早以前，就有大量的傣泐人从我国西双版纳、老挝迁徙进入难府定居。尤其是在杰敦王（召杰敦）王朝时期执行"拣菜入篮，掠人入城"政策，导致大量的傣泐人进入难府。这些傣泐人尽管使用着与泰阮人口音不尽相同的语言，但是有着相类似的政治形态和文化。信仰上座部佛教和原始宗教，以稻作业为核心的农耕方式，这些都为傣泐人能在新的地区、新的环境下调整适应，没有在文化、族群上与泰阮人产生隔阂。

泰阮人与傣泐人相互团结共融，而没有去刻意改变傣泐人。这是因为两个族群都是被统治的人。这两个族群的和睦共融，从兰那王国的茫莱王朝和西双版纳勐泐王朝这两个兄弟国家就开始了。现代国家与政治国境线的概念是近代才出现的，在当时的人们能在所谓的国境线上自由往来和贸易，跨越国境来访亲探友。加之不断更替的王朝和统治政权范围，难以稳固地区划开国界的概念。

一个国家的发展，需要持续增多的人口作前提基础。由于统治政权没有严格区分民族种族的概念和文化上的差异，也导致了大量的人口迁徙。除了战争上的人口掳劫外，还有人口不断增多，土地、食物等资源逐渐匮乏，战火起，家园毁，人们很自然而然地选择迁徙或投奔远方（或国外）的亲戚和兄弟姐妹。在依附与承认当地统治政权下，这种迁徙定居由最初的一两户，慢慢地发展成十多户，再发展成为村社、大的村寨，或更大的城邑。

难府的傣泐人有着独特的社会风俗与文化，和以操原始稻作业为农业基础的生活方式，导致了傣泐人的生活必须依靠自然，与大自然和谐相处。大量的风俗与种种文化都反映出傣泐人既驾驭大自然又尊重大自然。这些都体现在三个方面：傣泐人家庭中的风俗、农耕方面的风俗仪式和村寨习俗方面。

傣泐人家庭中的风俗仪式，其目的是祈求家庭成员健康幸福，延续家庭的血脉联系。通过对这些习俗的研究可以看出，每一个家庭从生到死这个阶段所举行的种种仪式，都反映出对鬼神（灵魂）的崇敬。如：呼唤鬼来抱婴孩、给小孩和孕妇拴魂拴线、祭祀祖先、祭祀家神等。对鬼神（灵魂）的崇拜，是傣泰族群社会意识形态上很重要的部分。无论是在已经信仰上座部佛教的傣泐人、泰阮人、泰艮人，还是傣泰民族里不信仰佛教的各个族群，如壮、白泰、黑泰、泰老。

农耕方面的风俗仪式在以农业生产为生的过去意义十分重大。齐心协力搞好水稻种植，关系到人们的生活保障，关系到村寨的安居乐业。农耕方面的仪式更强调如何保证有丰富的水源与稳定的气候。举行这些仪式是为了祈求大自然的保佑，恩赐人民能够物产丰富，食物丰足。农耕方面的仪式主要有：祈雨、祭祀田神、开耕仪式、拴谷魂、拴牛魂。

村寨方面的习俗对村寨社区而言意义重大。它需要依靠村寨里的成员齐心协力共同完成，为了村寨能够和睦团结，村寨的成员都有义务去维护。祭祀寨神勐神仪式，对于傣泐人而言意义就更加重大，需要村寨里的成员共同参与。这个仪式，反映了对原始土著、原住民，对祖先的敬仰及缅怀，接受新的成员成为村寨的一部分。还兼容并蓄地融入了佛教的因素，有僧侣开始参与祭祀寨神勐神的仪式，采用熟食来替代以往的生食或动物首，更加强调缅怀祖先，寻根探源。

傣泐人的很多风俗习惯也慢慢消失了。诸如传统傣泐人男女青年恋爱，在空旷的晒谷场上纺线；农耕方面的仪式也逐渐消失，其重要性也逐渐减弱，有水泥浇灌好的水渠河沟，大量采用化肥和使用杀虫剂催产增收，使用农业机械代替水牛，测土种植技术广泛运用。这些显而易见的变化比祭祀田神和插"答僚"管用，让拴谷魂、拴牛魂、祭祀沟渠保护神等退出历史的舞台。虽然村寨传统的祭祀寨神勐神的仪式还有所保留，但这种祭祀不再过多地强调寻求神灵保佑村寨平安和稳定,而是变成傣泐人文化特征的标记部分,多了一种商业经济和社会利益的味道。

难府的傣泐人与泰阮人和别的傣泰族群一起,通过不断调整生活方式以适应时代发展的步伐。现在的傣泐人正努力恢复和发展自己独特的文化,以迎合当下蓬勃发展的旅游浪潮。

第三章 傣泐人的社会文化变迁和现状

第一节 泰国傣泐人的社会结构和社会状况

由于泰国的傣泐人是在历史上不同的时期从不同的地点迁徙到泰国北部的，因此他们的社会状况有一定的差异。有的傣泐人迁徙到泰国的历史已经有五六百年的历史，但是大多数人迁徙的历史在200年左右，傣泐人的迁徙历史的特殊性在于几百年来不同的时期都有人不断从中国云南、缅甸、老挝向泰国北部迁徙。这种现象傣泰民族社会中一直沿袭着，人们只要需要，都可以前往自己的亲戚朋友，甚至是传说中自己的祖辈在几百年前已经迁徙到的地方去投亲靠友，因此在今天的泰国北部的傣泐人村中有一些人是20世纪70年代才从中国云南或缅甸等地方的傣族村子迁徙来的，甚至只是凭一点传说就前往投亲靠友，但当地人也会接纳他们，这样的情况在我们的调研过程中遇到很多。由于这样的历史原因，因此今天泰国傣泐人的社会状况也是有较大的差异的。泰国傣泐人的社会状况包括了以下几个情形：

一是历史较久远的迁徙者。这一部分人是较早迁移到泰国北部进入的傣泐人，已经在泰国北部繁衍生息近200年，甚至有的人更早。他们在迁移到泰国北部的时候是被整个村子全部迁徙到泰国北部指定的地方居住的，因此他们在当时也就被分配给了相应的土地，划定了相应的居住区域。更重要的是由于他们在历史上到达泰国北部的时候，这些地方往往是一些空旷无人的地区，他们成为这里开疆拓土的拓荒者和建设者，因此他们也成了居民地区的土著民族之一。更重要的是由于他们是当地早期的拓荒者，因此他们大多数经本土化，有泰国人的身份和泰国的国民待遇，自己的定居地方、农田耕地和自己的生计方式。这部分人的生存状况较好，他们也是今天泰国傣泐人的主体部分。这样的村子大多集中在难府、帕腰、清迈等地。

这里我们以清迈勐龙村为例。勐龙村距离清迈城约20公里，是一个在600余年前从中国云南西双版纳大勐龙地区迁去的村寨。据村史记载，这个村寨是在距今610多年前从西双版纳迁徙去的。当时西双版纳地区发生了战争，人们不愿意参加而移民到了今天的勐龙村，而当时地处泰国北部的兰那政府也向周围召集人口到兰那居住，以充实兰那的农业人口。勐龙村今天已经发展成为两个村寨，共有农业用地760多莱（泰国的面积计量单位，每一莱约2.49亩），生活用地250多莱，有人口约2000人，已经发展成为当地一个较大规模的村子。由于这个村子过去是从西双版纳迁来的傣泐人村子，因此在过去的名字就叫勐龙傣泐村。由于这个村子迁徙到这里已经有600多年的历史，在这个过程中文化已经发生了较大的变化，融入了当地的泰人社会，很多村民都与外地泰人通婚，不少女孩嫁到外地，也有不少女孩被娶进这个村子，因此在文化上已经和清迈泰人的主体社会越来越靠近，人们仅仅知道自己过去是从西双版纳搬迁来的，真正典型的傣泐人是几户在"文革"期间中从西双版纳搬迁到村子里的人家。这个村子的先民尽管600多年前就已经从云南省的西双版纳迁徙到这里，但是人们一直和西双版纳保持着经常性的来往，甚至在"文革"中还有一些人因为中国政治的不安定而从西双版纳迁徙到今天的勐龙村，因此在勐龙村还有不少人能讲西双版纳的傣语。笔者在寨中调查时遇到的一位老人波岩勇就是在20世纪60年代才从西双版纳迁徙来的，尔后他在这里结婚，有了四个孩子，六个孙子，成为大的一个家庭，有了自己的土地及房子，孩子们也大多在清迈工作。不少"文革"时期中从大勐龙迁到此地的人们在村子里做不同的营生，如制作农具、农村日常用品、食物等出售。由于有着与西双版纳的渊源关系，村子里的村民也经常到西双版纳去走访亲戚，西双版纳的亲戚们也经常到这里来走访，尤其是在一些重要的宗教节日期间，都会邀请西双版纳的亲戚朋友前来参加，同样西双版纳有大的宗教活动也邀请这个村子的人们一同到西双版纳去参加节日活动。这个村子是泰国北部傣泐人村中较有代表性的一个村子。

二是和其他民族混合居住的傣泐人。傣泐人在迁徙到泰国北部以后，很多土地已被前来的人们占有，因此他们和其他同时到达的，或者是先期到达的一些其他民族的人们混合居住在一起。但是在今天很多傣泐人虽然和其他民族混合居住在一起，但是他们仍然保持着自己的傣泐人文化传统。帕腰府景罕么栋村是一个和泰老人混杂居住的村寨，其中300余人是傣泐人。这个村子的傣泐人由于是从西双版纳迁徙来的，因此这个村子的傣泐人一直维持着与西双版纳相同的传统习俗，包括他们的住房的建筑风格，和西双版纳相同的传统节日、生活习俗和语言文字。他们和同村子的泰老人生活在一起，相互之间的相处很和谐，在社会生活和风俗习惯方面人们都互相尊重，在今天随着社会的变迁，傣泐人和泰老人之间在物质文化生活方面的差别正在慢慢地缩小，在社会生活中互相融合，甚至相互通婚。尽管如此，在宗教生活中却有着严格的传统差别。这个村中的傣泐人对自己的民族文化传统的固守主要表现在宗教活动上，人们一直维持着与西双版纳相同的各种宗教活动,不与泰老人在宗教上进行融合。傣泐人有自己的寺庙以及相应的宗教活动,虽然和泰老人信仰的是相同的佛教,但是傣泐人不参加泰老人的宗教活动。因此今天和其他民族混合居住在一起的傣泐人,在物质生活方面和其他民族已经没有太多的差别,但是大多数仍然保持着自己以宗教文化为核心的傣泐人文化传统。

三是处于难民地位的傣泐人群体。这部分傣泐人不是多数,他们主要是在20世纪60年代的印度支那战争期间以及在中国20世纪50年代以后边疆地区历次的政治运动冲击中迁徙到泰国北部的。他们有一部分是从缅甸和老挝迁徙到泰国北部,一部分是从中国云南的西双版纳地区迁徙过去的。例如在20世纪60年代西双版纳地区就有几千人非法跨越边境逃往国外,其中一些人就到达了泰国北部并居住下来。这一部分傣泐人由于是非法入境和定居,因此他们的身份到今天大多还是难民的身份。近年来这些傣泐人已形成了居住社区,泰国政府也向他们提供文化和教育、医疗条件,但是他们仍然没有获得泰国的国民身份,不能够参与泰国的政治生活,甚至不能到泰国内地就业。这一部分人群是今天泰国北部傣泐人中较为特殊的人群,由于他们离开祖国的时间不长,因此他们的状况和中国的关系还较为特殊,大多数人仍然保留着对返回中国的强烈愿望。这里我们以清盛的阪桑盛村作为例子来说明。

阪桑盛村(BAN SANSAI KONGUHAM, BAN SEA SUBDISC-TRICT, CHIANG SEAN)1972年才建,现在有95户人家,500多人。最早来的时候,只有5户人家,20多个人。他们全部来自西双版纳的景洪市曼斗村以及勐腊县。当时由于中国正处在"文革"的政治运动中,这些人都是由于政治动乱外逃来的。在后来的岁月中,有更多的人从中国边境地区以及缅甸的勐勇地区逃到这里来定居。由于这个村子的最早居住者是傣泐人,因此其他地方逃难的傣泐人都会找到这里来,并在这里的定居下来,越来越多的亲戚和朋友依靠这种关系来到这里定居,也使人口迅速增加,成为当地有一定规模的傣泐人村子。当时来的时候生活非常艰苦,基本都是为别人做工生活,例如为当地人做农活、种水稻、收割稻谷、建盖住房、纺织、打草排等为生。一位中年妇女向我们介绍,由于她家庭是地主成分,因此在"文化大革命"中受到无情的打击,他父亲带着他们外逃到这里,一路上吃尽苦头,冒着生命危险,依靠吃野菜野果和乞讨来到这个村子并居住下来。当人们逐渐安定下来后,便租借当地人多余的土地耕种。目前这些人仍然没有自己的土地,大多数人还是依靠为其他人做工和租用他人的土地耕种生活,有部分人到城里工作,赚钱回家,吃的粮食和蔬菜全部依靠到市场上买。由于是从外地逃生来的,因此他们中的大多数人都还是难民身份,尤其是上了年纪的人,并没有太多的人有泰国公民身份。近年来泰国政府给年轻人以及青少年登记户口,发给公民身份证。2000年笔者曾经到这个村子进行调研,当时大多数青年人也都还没有身份证,不能离开泰国北部到清迈以南的地区工作或者学习,近年来这种状况有了一定的变化,生活逐渐开始稳定下来。

　　由于这个村子是近几十年来才从中国边境一带搬迁到这里的人们构成的,因此他们都有很多亲戚朋友在中国境内,例如景洪市、勐腊县等地,近年来也常来常往,他们中有一些人已经回到了老家去拜访,也有老家的人来看望过他们。例如一个名叫玉香的中年妇女,是在10年前离了婚以后才来到此地的,目前两个孩子都还在勐海县读书。人们得知近年来中国经济发展迅速、社会稳定、人民生活富裕,因此也都有回到家乡的念头,但是由于中国境内土地也十分紧张,并且是外逃出来的,因此他们也很难返回中国,这一点他们也很清楚。尽管如此,人们都怀有对于中国的强烈怀念。2008年12月25日当笔者再次到这个村子访问，由于笔者的妻子是西双版纳傣族，笔者一行来自云南省，因此受到了村民热烈的欢迎。汽车停靠在村门口，就有数以百计的村民等候在哪里。村民们敲锣打鼓，身着传统的民族服装，跳起各种传统舞蹈，十分热闹。大家彼此之间都感到非常亲切，相互问长问短，人们也热衷于表现西双版纳的情况和当地人的生活、风俗习惯等。村人里的领导和一些村民一直陪同我们考察到结束。

这个村子的住房和当地的其他村子相比较，仍然是很一般的。没有其他泰人村子一样漂亮的别墅式建筑，大多数仍然是木板和草排建成的，有少数几家富裕的人家建有水泥住房，由于没有自己的土地，生活仍然是艰苦的，甚至只有目前村子的大礼堂及周围的土地是属于村子出钱买下的，其他的土地包括宅基地在法律意义上都还不属于村民。但是目前他们定居事实已经被当地政府所承认。近年来他们由于难民的身份，也受到了社会的关注和同情，当地政府的领导曾多次到这个村子考察，给一些实际的帮助，一些非政府组织对他们进行救助和救济。出钱帮助他们修路、建房子。新加坡的一个民间组织投资为他们修了路，目前正在建设一个新的大礼堂。在山顶上，一座新的佛教寺庙也在建设中，大多数的资金也同样是来自外部的捐助。村中虽然没有漂亮的房子，但是整洁干净，村民生活环境比较2000年笔者第一次到这个村子调研时要好得多。尤其是饮水问题在外部的帮助下得到了较好的解决，村子里有饮用水净化设施，每家每户都有干净的卫生间。人们的生活状况逐渐得到了改善。目前这个村子也成了当地的一个旅游点，游客们常常被带到这个村子，观看傣族传统舞蹈表演，为村民增加了一些收入。

村子中有一所政府办的小学，小学生都可以在小学免费上学，享受政府的义务教育。进入初中和高中以后要到其他的学校读书，并且要交一定的学费。但是村民们都很重视将孩子送到更高的学校去读书，人们认为这样才能够更好地学好泰文，将来也可以出去工作，彻底改变自己的生存状况。事实上近年来有很多青年人也通过学校读书毕业之后到了内地工作，个人的身份和生活状况有了根本的改变。这可能是当地人改变自己身份和生活状况的重要途径。总之，这个村子目前社会状况正在改善，人民的生活也逐渐稳定下来，正在融入泰国社会中过程中，但是这个过程也许还需要几代人的努力才能完成。就目前而言必须要经过两代以后，人们才能够完全取得泰国的公民身份，融入泰国的社会和文化环境。

第二节 傣泐人的经济生活现况

傣泰民族是一个稻作民族，水稻的种植是这个民族自古以来生计的根基，因此泰国的傣泐人在迁移到泰国今天的居住地之后仍然保持着以稻作为主的生计方式，不论是在早期迁徙到泰国的人还是在后期迁徙去的傣泐人主要都是从事水稻种植，这一点至今为止还没有较多的改变，人们的精神和文化、社会生活都和水稻种植有直接的关系。

在从事水稻种植的同时，由于今天的社会环境和经济环境发生了较大的变化，因此傣泐人的经济生活也有了较大的变化。一方面是产业结构开始多样化，尤其是一些靠近城镇居住的傣泐人，他们开始生产很多城市中有市场需求的产品，例如经济作物和民族手工艺品。很多傣泐人村子种植蔬菜、热带水果和一些特殊的香料植物。有很多的傣族村子生产传统的纺织品、草纸、木雕等传统手工艺产品，这些产品目前的市场都很好，甚至很多是卖到了海外，给当地村民带来了可观的经济收入。传统手工艺品的生产不仅使老百姓收入有了较大的提高，同时也使传统的手工技艺得到保留。目前泰国最大的傣泐人社会组织——泰国傣泐人协会在全国有组织地组织傣泐人学习传统手工技艺，开发生产手工艺产品并组织向海外销售产品，取得了较好的效果。因此在傣泐人村子中今天普遍可以看到传统手工艺品的生产，尤其是纺织品的生产。另一个方面是今天靠近城镇的很多傣泐人，他们已经将土地出售给其他人或者开发商建住宅，老年人在家里操持家务，年轻人则到城里打工或者做生意，有的甚至到海外打工，已经脱离了土地生产。这种趋势在今天的傣泐人社会中还在不断扩大。

土地是傣泐人的重要生存资源。在泰国社会中土地是可以买卖的，因此泰国的傣泐人今天的拥有土地状况也发生了较大的变化。在早期迁移到泰国的傣泐人中，他们都有传统的土地所有权和自己的耕地，在今天有很多拥有土地的傣泐人出售自己的土地从而获得收入，用于建房或者投资做其他的生意。由于土地可以买卖，有一些迁移到泰国较晚的傣泐人通过做生意或者其他人的资助而购买了土地，拥有了长期生存的基础，生存状态有了彻底改变。因此土地买卖的政策使泰国的傣泐人在生存方式上有了更多的机会，从而实现了傣泐人社会的稳定。拥有自己的土地作为生计的基础，是泰国的傣泐人今天经济生活中的一个总体状况。下面让我们通过一些村子的例子来了解今天傣泐人的经济生活状况。

勐龙村，距离清迈城约20公里，是一个在600余年前从云南省西双版纳大勐龙地区迁去的村寨。据村史记载，这个村寨是在距今600多年前从西双版纳迁徙去的。当时西双版纳地区发生了战争，人们不愿意参加而移民到了今天的勐龙村，而当时地处泰国北部的兰那政府也向周围召集人口到兰那居住，以充实兰那的农业人口。勐龙村今天已经发展成为两个村寨，共有农业用地760多莱，生活用地250莱（当地的土地计量单位，每莱等于2.49亩），有人口约 2000 人，已经发展成为当地一个较大规模的村子。

　　由于这个村子过去是从西双版纳迁来的傣泐人村子，因此在过去的名字就叫勐龙傣泐村，但现在官方称为勐仑村。由于这个村子迁徙到这里已经有 600 多年的历史，在这个过程中文化已经发生了较大的变化，融入了当地的泰人社会中，很多村民都与外地泰人通婚，不少女孩嫁到外地，也有不少女孩被娶进这个村子，因此在文化上已经和清迈泰人社会越来越靠近，人们仅仅知道自己过去是从西双版纳搬迁来的，真正典型的傣泐人是几户在"文革"期间从西双版纳搬迁到村子里的人家。这个村子的营生以农业种植为主，其中水稻种植是主要的产业。全村种植水稻的面积约 400 莱。从气候条件来看，这里可以种植两季水稻，但是由于近年来水稻价格较低，农民们并不愿意多种，每年只种一季，并且目前村寨周围还有很多土地荒芜，甚至多年不种，与西双版纳相比较这里的耕种谈不上精耕细作，显得较为粗放，农田的规划和西双版纳相比也较差。经济作物种植主要是辣椒，种植辣椒是这个村寨主要的现金收入来源，种植面积已经达到 400 莱。目前也种植一些蔬菜。在十多年前这里也曾种过烤烟，但不成功，因此才改种辣椒。制约农业发展的主要原因是这里缺水，河流来自清莱省，但是在中途由于各个地区用水较多，截流的水量较大，当河水流到本地以后水量已经很小。村中建有一个水库，但是水位较低，每月仅有六天的时间能够从水库中放水。村中又一个主要的特色产业是制造草纸，人们用特殊的树叶、树皮制成草纸，然后在草纸中夹上一些花瓣，这种纸是当地工艺品市场上非常受欢迎的包装纸，这个村寨成规模的小型造纸厂有多家，雇有数十个工人，每天用传统的方法加工草纸，销往清迈等地的工艺品市场。这里靠近清迈，有很多人也能够到清迈市区去工作，因此这个村子的传统农业已面临退化，尤其是受到城市化的影响，年轻一代已不愿意务农。近年来村中的一些土地被出售出租给外地人建盖别墅。这里土地可以自由买卖,一亩土地150万泰币。今天在村子周围可以看到多处新建的别墅群。村周围有不少村民开设了餐馆、商店等。

今天的勐仑村经济发展水平显然高于附近的一些村子,尤其是比更为北面的清莱等地农村要富裕得多。由于属于清迈市,能得到清迈市政府的很多资助,清迈市政府每年都资助很多钱给村子中修公路、水库,甚至补贴用于建新房等。如在1999年村中从政府获得1100万泰币用于公路的修建,在2000年获得了5000万泰币的贷款用于建设村民的新房,2009年以来政府也资助了不少用于维修、建设水利设施。村中大多数村民生活水平基本平均,但也有一小部分的村民由于缺乏子女,生活相对贫困。在村子里还保留着一部分传统的杆栏式木楼,与西双版纳的风格还有一定的相似之处,但是大多数村民如今已经建起了一层或二层的小洋房,有的房子甚至非常奢华,如1999年建成的一幢木结构的房子在村子里非常显眼,耗资500万泰币,木料都是从外省购进的,有的一根大木料就需要2万泰币,建筑也非常艺术化。村中大多数家庭都有皮卡车,有的家庭还有轿车。

勐满村,靠近帕腰府景康县元区镇中心。目前这个村子一共有500多户、近2000人。村民们的住房散落分布在茂密的树林中,自然环境非常好。住房有较大的差异,保留了很多古老的傣泐人的建筑,但也有很多现代的别墅式建筑,这可能和经济条件的改善有关系,但是今天还能拍摄到很多古老建筑的照片这也很难得。村中保留有一座傣泐人古老的住房供参观。在旁边还有一座制作传统纺织品的作坊,有很多妇女在这里纺织傣泐人传统的服装。这些传统服装不仅在本地销售,还有代理商销售到内地甚至是海外,为村民们带来收入的同时也保持了传统的纺织技艺。

村社中人们的传统生计是水稻种植。这里可以种植双季稻,但是人们大多数情况下只种植一季。过去村民都是农民,都下地种田。但是近年来人们已基本不下田耕种,土地都是出租给外地人耕种,或者是由在外面打工的亲属寄钱回来请人耕种。耕地出租给别人耕种有两种方式:一种方式是分配收获的稻谷,租种田的人得2/3,土地的主人得1/3。另一种方式是请人来耕种,每天每人150—200泰铢。来租借土地耕种的人以及打工的人,大多数是从山区来的其他少数民族以及来自缅甸、老挝的农民。这样拥有土地的村民有稳定的粮食和一定的经济收入。在过去有些外地人前来购买土地,是因为当时的价格比较便宜,但是目前土地的价格已非常高,1莱土地需要100多万泰铢。

村中很多青年人都在外地打工,村子中的老人基本上是靠外地打工的亲属寄钱回来供养的,老人们基本不再干农活,一些老人晚间参加集体体育锻炼,平日里看管小孩子、参加各种宗教活动,日子过得非常悠闲。

这个村子由于靠近当地的城镇中心地区,因此城镇化现象也很明显。由于在城镇地区都有了全国统一的商业网络,尤其是超级市场,使当地人的传统生计越来越困难,比如超市的出现和全国统一的商业服务的普及,使当地人在耕种土地之外的经营变得十分困难,没有竞争力。传统的饮食业、出售蔬菜和日用百货等小生意都被连锁超市所排挤,由于每家每户都有汽车,人们都会到超市中去购买日用品和食物,超市中的快餐店也非常受当地人欢迎。这样,传统基于农业之上的生计方式受到了城市化发展的较大影响。

第三节 傣泐人的传统文化变迁与现状

在泰国北部的传统文化结构上针对傣泐文化有四个层次：一是泰国的国家文化，这种文化是以曼谷文化为中心文化，它包括了与这种文化相关的语言、文字、艺术、习俗和其他的制度等等。国家文化的影响力是在20世纪50年代以后在泰国北部地区不断被强化了的。二是泰国北部的地方文化，这主要是传统的兰那文化。在过去几百年中，由于兰那王国影响的扩大，兰那文化在整个泰国北部成为主体文化，包括兰那语言文字、宗教习俗和社会习俗、艺术等，兰那文化和曼谷文化是两种不同的文化，有相同性，但是也有较大的差异。三是其他民族的文化，包括了当地的不同族群，例如山地民族，汉族、其他支系的泰人等。四是傣泐人的文化。

总体上来说，各个民族的文化在历史上都受到兰那文化的影响，但是又都保持了自己的民族文化传统，在历史上的泰国北部，兰那文化的影响力远大于曼谷文化。但是在最近几十年来各民族的文化受到外来文化的影响越来越大，尤其是以曼谷文化为中心的泰国国家文化和外部世界的文化影响越来越大，历史上在泰国北部占有主导地位的兰那文化的影响力正在衰退，尤其是兰那文字基本上已退出官方的使用范围。各个族群的文化也同样受到国家文化的影响，本民族的文化也不断弱化。各民族的民族文化毕竟是其长期生存的文化根基，虽然说短时间内不会被完全同化，但是文化传统保留和沿袭在今天受到了越来越大的挑战。

傣泐人在人历史上不同时期迁移到泰国北部，一个重要的特点是在迁移的过程中不是零散而去的，而是整村被迁移到泰国北部，这样就使人们有机会将自己固有的民族文化文化带到当地并且沿袭下来。傣泐人在泰国北部从早期的迁移开拓者就已经形成了居住的社区，这是文化延续的重要原因。在随后的迁移者到来之后，他们也是融入早期建立的傣泐人建立的社区中的。因此在今天的泰国北部，大部分的傣泐人都有自己的村子，并且大多数集中在相应的地域，例如在难府、帕腰等傣泐人集中的地区，傣泐人的村子基本上都是一个靠着一个，或八个十个，或几十个形成一个傣泐人的居住区域。这种集体性的迁移和傣泰民族在历史上的政治组织制度有关，也就是勐的制度，历史上的傣泰民族迁徙较为频繁，但往往都是集体性的迁徙，每迁徙到一个新的地方居住下来，马上就建立一个新的集行政、经济、军事功能为一体的行政区，即勐。傣泰民族在迁移过程中的文化复制特征是，每当迁移到一些新的地方，人们会将过去居住的地方的地名、村子的村名、人们崇拜的地方的神灵、村子的神灵以及其他的各种文化因子全部复制到新的居住地方，因此在今天的泰国北部很多地方的地名和西双版纳都是相同的，表明他们来自西双版纳或者某个其他的地方。这样傣泐人的文化就可能在一个新的社区被复制并且沿袭下来。例如每个地区，也就是一个勐，都会有勐神被人们祭祀，都有相关的文化活动，尤其是宗教祭祀活动。每个村子都有自己的寺庙和宗教活动。[①]

傣泐人在迁移到泰国北部之后，在文化上也接受了兰那文化的影响。例如服装、节日活动、语言和文字等，这些都是历史上当地的官方文化，傣泐人都会相应学习。当地的傣泐人，尤其是老一辈人都会说兰那方言，通晓兰那文字，在对外的时候使用。但是对内，也就是在傣泐人的社区之内，人们都保留着使用自己傣泐

---

① 参阅郑晓云《傣泰民族起源与傣泰民族文化圈的形成新探》，《云南社会科学》2005年第3期。

人文化的传统。

大多数傣泰民族人民都保持着同时信仰佛教和民间宗教的传统。一方面信仰佛教，另一方面也信仰万物有灵，并且通过相关的崇拜和祭祀活动来体现人们的信仰。

在泰国北部，傣泐人和当地大多数民族一样信仰佛教，虽然说傣泐人的佛教传统和当地的佛教传统有一定的差异，表现在一些佛教活动之中，但是宗教信仰上没有太大的差别。傣泐人的文化传统主要表现在一些自己的民族文化因子和民间信仰之中。

在民间信仰的结构上，傣泐人由于在历史上已经形成了自己的社区——勐，因此勐的文化是第一个层次。每个社区都有自己的勐神，每年或者几年都要进行一次大的祭祀活动，彰显勐的信仰和团结。当地的勐神往往是一个社区迁移到泰国北部之前当地的勐神，在迁移到泰国北部之后，过去的勐神也被移植到当地继续加以崇拜。这种集体的活动在今天一些傣泐人的社区中还可以看到，例如在难府还保留着每三年一次的勐腊神祭祀。

民间信仰的第二个层次是每个村子自己的信仰活动。在傣族的传统上，每个村子都有自己的村神、树神等，因此当地的傣泐人也有和他们祖籍地相同的祭祀活动。泰国北部的傣泐人在民间信仰上一个很特殊的现象是对祖先的崇拜和祭祀。在泰国的傣泐人地区，一个勐的勐神可能是创建这一个勐的祖先，一个村子的村神往往就可能是带领人们来到这个新的地方建立村子的祖先或者是当时的头人，为了祭祀他们，人们为他们建立了庙，并且塑造了祖先的塑像，或者是一些神话传说中保佑了这一个村子的动物，例如老虎等。对于祖先崇拜和祭祀，尤其是塑造祖先的塑像，在当地傣泐人社会中是一种特殊的崇拜现象，这种现象在西双版纳等傣泐人的祖籍地是看不到的，例如在西双版纳就看不到对祖先偶像的祭祀，这和傣泐人特殊的迁徙历史有直接的关系。傣泐人的其他民间传统和西双版纳等地方基本相同，保留了傣泐人的文化传统，例如饮食习俗、婚姻习俗、傣泐人语言、服饰等。

宗教信仰与祖先记忆有很直接的关系，同时今天傣泐人的佛教信仰与民间信仰也有了融合现象。阪巴腾村（Ban Pa Tan, San Kamphang district, Chiangmai）是一个泰勇人村，距清迈市区约 20 公里。据说是在 100 多年前从西双版纳迁徙到今天缅甸的勐勇，然后再从勐勇迁徙到本地的（Boontham Chai-in, 2002）。从勐勇迁到这里来的村寨目前在这一地区有 13 个，形成了一个传统的文化有相互关联的社区，很多仪式都在这 13 个村寨中轮流举行，也都有自己的泰勇人的文化传统，例如每个村子的寺庙后都建有一个火化塔，火化塔在村子中有非常重要的地位。与其他泰人不一样的是这个村寨的人对于自己的祖先有很强的记忆观念，他们每年都要在佛寺前举行追记祖先的活动，这个活动在当地的 13 个泰勇人的村子中每年轮流举行。每年 12 月是举行祭祀祖先活动的时期，在这个时候举行活动的村寨要在佛寺前的广场上搭起很多竹棚供人们在这里集会、吃饭、诵经，同时很多老人们还会在竹棚里边住几天。活动一般要举行 5—7 天，每天的早晚人们都要向佛寺敬献食物，整天都要集中在一起追忆祖先。在当地泰勇人的家庭中，也都有祖先的牌位以及家庭的神堂，表示对祖先的祭祀。这种文化特征与泰人传统的文化是不相同的，据当地的老人说，这一切主要是源自当地的泰人在历史上从西双版纳到缅甸，再到泰国北部的一个长期的迁徙的结果，人们希望一代代人能够记住这一迁徙的历史。泰勇人有自己的纪年方式，人们根据自己的年龄来确定祭祀祖先的日子。人们信仰佛教，在村里建有佛寺，严格按照佛教的规律每年进行着不同的祭祀活动，过各种与宗教相关的节日，但是同时人们也保持着对传统宗教，即自然崇拜的信奉。在村寨中除了有表示村寨中心的菩提树外，在菩提树旁也还能发现村寨神的小神房，与其他很多泰人村寨相比，这里的小神房修建得相对要大一些，可以看到神房前有很多贡品以及祭祀的痕迹，反映出当地村民对于村神的敬重与祭祀。村里的村民认为，佛教与原始崇拜有相同的重要性，原始崇拜能够管到人们现实生活中的平安、快乐、幸福，而佛教则关系到人们的未来与来世，因此信仰传统宗教人们可以获得现实的利益与幸福，而信仰佛教人们有一个好的来世。在泰勇人的很多活动中，佛教与传统的原始崇拜已经有了一定的混合，如祭祀家神、祭祀祖宗神是通过佛教的方式来进行的，在佛寺中举行，这一点与其他的泰人村寨是完全不同的。再如在开耕农田的时候，首先要依据佛经写好日子，然后人们拿着一个装有10壶酒等供品的竹篮子到田里去祭祀稻神及土地神。人们在生病的时候也都要首先到佛寺里进行祭祀，然后到村神的神房前去祭鬼，因此两者之间的很多方面在人们的观念里已融为一体。村子里的村神每年都要进行一次祭祀，祭祀的时间在每年的泰历新年，也就是宋干节前进行，这一活动也可以反映出佛教与传统的原始宗教相融合的一个过程。

除了宗教方面的变化外，今天的傣泐文化的变化表现已多元化，傣泐人文化处于变与不变的交汇处。下面我们通过一个典型村子的个案来进行考察。

勐满村（Ban Mang village, Yuan Sub-district, Chiang Kham, Phayao）靠近帕腰府景康县元区镇中心。这个地区是傣泐人较为集中的地区。

这个150余年前从西双版纳迁移到这里的村子是傣泐人村，但是在以后的发展过程中，也有一些其他族群的人搬到村子里居住，包括了泰老人，在20世纪50年代以后还有一些汉族人搬到这个村子居住。因此这个村子的村民大部分是傣泐人，同时还有泰老人、汉人等。目前这个村子一共有500多户、近2000人。其中汉族有

5户人家、30人。

村子中的傣泐人使用和西双版纳一样的傣泐人语言，传统习俗和西双版纳的傣泐人基本一样。目前在文化身份方面，当地不同族群的人文化身份是非常清楚的，我们在调查时曾经到了当地的一个中学，我们询问一些中学生他们的族群身份，每一个学生都明确地知道自己属于哪一种族群，傣泐族群的学生都能讲傣泐语言。

和其他泰人族群相比较，傣泐人保持着很多自己的文化习俗。除语言文字外，还包括了住房形式、饮食习俗、宗教信仰等。今天在当地仍然有很多传统习俗可以看到，典型的有以下几个方面：

一是当地傣泐人的传统住房风格。在村子里面还保存了很多传统风格的住房，这些住房大多数使用木材建成，有的住房已经居住有100多年的历史。在当地一些村子的寺庙中还保留着最古老的住房，作为村子中的博物馆供人们参观。

二是傣泐人妇女的裙子有傣泐人的文化标记，在当地人们只要看裙子的花纹就可以知道是傣泐人。今天傣泐人的传统纺织业仍然在很多村子中保留着，生产的产品不仅供本地人使用，也可以卖到外地。傣泐人的传统纺织业被认为是傣泐人文化传统的重要内容加以发展，今天的当地妇女仍然普遍使用有傣泐图案的裙子，尤其是在过年过节的时候，当地人都会穿传统的民族服饰参加各种节日活动。

三是当地傣泐人的饮食习俗也和其他族群有一些差别。例如傣泐人食用一些特别的植物，这些植物当地的其他族群的人并不喜欢吃，因此这些植物便成了傣泐人的文化标志之一。大多数植物和西双版纳相同，包括名称也是一样的。在调查时课题组来自西双版纳的成员能够辨别其中的大部分植物种类。一位热心于傣泐人文化保护和传承的当地中学教师在中学的空地上种植了很多这些相关的植物，让学校中的傣泐人学生参观、品尝，让他们保持对傣泐人文化的认识。此外在饮食方法上也有很多和当地其他族群不同的地方，例如在食用蔬菜的时候，人们和西双版纳傣族一样喜欢将蔬菜用水煮熟，制作各种酱作为佐料蘸着吃，也就是傣族人称的"喃咪酱"。此外当地人也有吃生牛肉的习俗，也吃米线。在过年的时候包年糕（傣族人称为"毫罗梭"），这些饮食习俗其他族群的泰人是不喜爱的。

四是节日。傣族新年在西双版称为"泼水节"。过新年的第一天，人们要杀猪杀牛、制作米线、包年糕"毫罗梭"等，准备各种节日食物。在当天晚上人们会聚在一起进晚餐。第二天的主要内容是到寺庙中赕佛、听和尚诵经。同时还要在寺庙周围堆沙塔，这是一种佛教习俗。第三天的主要内容是祭祀村寨神，希望获得村寨神的保佑，在新的一年中风调雨顺、五谷丰登、人畜平安。第四天的主要内容是泼水，人们首先会用鲜花、树枝互相洒水表示祝福。随后年轻人也会泼水狂欢。

由于村子中有一些其他族群的人居住，因此也有一些其他族群的文化存在，这些文化之间的关系显得非常有意义。例如目前居住在村子中的汉族人家保持了自己的一些文化传统，包括在家庭中讲汉语，保持着华人的生活习惯，每年过春节的时候也杀猪杀鸡庆贺，按照汉族的习俗过春节。结婚的时候也是完全按照汉族的传统进行的，向我们介绍情况的张秀兰老人说，她的孩子在结婚的时候一般都要摆100多桌酒席，请其他村寨的汉族人家、村子里的亲戚朋友以及有声望的人前来参加，由于当地村子中主要是傣族，因此他们的厨师都是从曼谷请来的，目的就是要保持汉族的传统饮食习俗。但是在日常生活中他们也完全尊重并且跟随村子中傣族人的习俗，包括宗教习俗、饮食习俗、社会风俗习惯等，力图和当地人融为一体。村里的汉族人文化习俗方面尽量跟随村子里傣泐人，除了自己的家庭生活中保持自己的文化习俗外，在社会生活中基本和村子里的傣泐人文化习俗一致。村子里的傣泐人尽管尊重汉族人的文化习俗，但是并不学习或者模仿汉族人的文化习俗。因此除了保持华人的生活习俗以外，一般人是看不出他们和村子的其他人有什么区别的。他们和村子中的其他村民相处得非常融洽，没有矛盾和心理上的隔阂。但是当地的汉族在娶了村子中的傣族人为妻子以后，他们在家庭生活中往往会跟随汉族的习俗生活，学汉族的语言。我们在调查的时候遇到一个嫁给汉族人家的傣族妇女，她能够讲流利的普通话。

近年来还有一些西方人和本村的女子结婚，在村中建房，往返于本地和男方的国家居住。在村子中目前外来的人有100多人。这个村子目前还有一些其他族群的人居住着，除了汉族以外人数较多的是泰老人，他们在家中也保持着自己的一些传统习俗。但是由于这个村是傣泐人建立的村子，因此傣泐人的文化是这个村子的主体文化。尽管近年以来了很多其他地区的人，但是人们的风俗习惯完全遵照傣泐人的文化。因此在这个村子的文化现象是，不同的族群居住在一起，在家庭生活中他们可能尽量保持一些自己的族群传统文化，但是在社会生活中会完全融入傣泐人的文化氛围中，遵从傣泐人的文化生活，讲傣泐人的语言，过傣泐人的节日，穿傣泐人的服装，尤其是宗教生活，人们信仰傣泐人的佛教，崇拜村子的神灵，使人们有了统一的村寨认同。在村子中，一个典型的和西双版纳傣族人相同的文化现象是在结婚以后是新郎到女方家居住一段时间才看情况自立门户。这种传统一直保存到现在，但是在村子中的汉族人家结婚时是新娘到男方家居住。因此村子中的汉族人说"傣族人结婚是上门、汉族人结婚是讨媳妇"。这些习俗的差别也得到了村民们的认可，村子中的傣族人和汉族人结婚的时候，傣族人也会尊重汉族人的习俗。一个非常有意思的现象是，汉族男子结婚的时候可以讨媳妇，女子结婚的时候也可以按傣族的习俗将男方招上门。由于人们彼此尊重不同族群的文化习俗，尤其是人数较少的族群遵从傣泐人的文化传统，因此尽管这个村子是多族群构成的，但是人们的文化关系很融洽，并没有冲突。

近年来还有一些西方人和本村的女子结婚，在村中建房，往返于本地和男方的国家居住。在村子中目前外来的人有100多人。

村中的很多青年人目前都在外地打工，包括在中国台湾和新加坡。这也导致了很多青年人更多地接受了外来的文化，而对本民族的文化并不是非常了解，甚至对本民族文化传承并不看重。我们调查时遇到了村民皮塔亚先生，他在曼谷企业中工作了30年，目前退休在家，能够讲一口流利英语，并且对于在全球化文化环境中民族文化的状况有自己的看法，让我们另眼相看。他认为目前在全球化的环境中要保持自己民族文化非常困难，尤其傣泐人在当地是一个少数民族，要保持自己的民族文化没有太多意义，而应该更多地融入泰国的主流文化中去，这样才能获得更多的发展机会，进而现实地来看就是会有更多的工作机会和经济发展机会。如果不这样，那么一个村子在当代的发展中就可能落后，会丧失很多发展的机会。因此他认为只要保持族群的认同就可，但是在文化上没有必要更多地强调保持传统，他甚至认为在10年或者20年以后傣泐人的文化在村子中只会成为一种记忆。但是与我们座谈的很多村子的老人们都认为必须要保持自己的文化，忘记了自己的传统和历史，就会和其他的泰人没有区别，就会变得更落后。傣泐人在历史上就是因为100多年来完整地保持了自己的传统文化，才使村寨的人们团结和谐、繁衍生息、发展到今天。因此人们认为傣泐人的族群文化永远也不能丧失，丧失了自己的文化最严重的后果是造成人们的不团结，丧失了生存的根基。

事实上在当地傣泐人社会中人们还是非常注重保持传统文化的，很多村子中都有小型的博物馆。在这个村子中的寺庙侧面有一所小博物馆，收藏并展示了村子里的各种文物，包括宗教活动中所使用的各种装饰物、用品、雕刻品，以及各种生产工具、生活用具等，有数百件之多，总之人们能够收集到的过去的生产生活以及宗教活动的用具用品都被集中在这里保存。村子里的小学也会组织学生来参观。此外人们的宗教生活和节庆活动也使民族文化传统得到传承。

近年来，很多地方已经跨越了村子的层面，举办更大规模的傣泐人文化传承活动，尤其是节日活动，并且把这些活动和旅游业结合起来。例如在帕腰府景康的傣泐人传统文化节（Tai Lue Heritage Festival Chiang Kham），到2016年举办了17次。这些活动的目的是传承当地傣泐人的传统文化，这些传统文化通过节日的方式一年年再现出来，增强人们的自豪感。通过这个节日增强和其他地方傣泐人的联系，这节日期间都会邀请其他地方的傣泐人前来参加，同时也做一些经贸交流活动。目前泰国其他傣泐人集中居住的府，包括清迈府、清莱府、帕腰府、难府、南邦府、南奔府等，都每年或者经常性地举办傣泐人的传统文化节日活动。这些节日活动，一方面再现了他们的传统文化，有利于文化传承和保护；另一方面也是一种新的社会网络，使泰国的傣泐人之间的联系更加紧密。

景康县的傣泐人传统文化节是泰国傣泐人地区举办传统文化节较早，并且规模较大的。主要内容有以下几个方面：

第一，在当地主要的佛教寺庙中举行"Tung"旗祭祀仪式，人们认为这个旗是地球和天堂之间的桥梁，人死了之后还会顺着旗子的指引上升到天堂，因此这个传统的祭祀仪式对于傣泐人来说是非常重要的。在第一天的早上，还要举办为城市和国家祝福的活动，各个寺庙的高僧、当地的官员和公务人员代表、各个村子的负责人都会参加这个活动。

第二，传统文化再现，来自于不同的村子傣泐人将会在 Wat Phra That Sobwan 寺庙中再现当地人的传统文化，例如各种社会生活中的习俗，民族舞蹈音乐，传统的大鼓表演，传统游戏，纺织，各种传统的小食品制作，包括甜点、榨取甘蔗水等内容。

第三，各种传统手工艺竞赛，包括传统纺织竞赛、编织竞赛、雕刻竞赛、制作小吃竞赛、传统饮食烹饪竞赛、打鼓竞赛、打谷竞赛、燃放烟火比赛等内容。在当天的中午还会举办传统的傣泐人婚礼表演。

第四，传统文化教育展览和相关的活动。举办主题为"保护傣泐人传统：从过去到现在"的展览，通过图片和实物展示傣泐人传统文化。在展览活动期间也举办一些知识竞赛和讲学活动，邀请一些有文化的人士对传统文化进行讲解。

第五，举办傣泐人文化街和传统市场活动。设置各种摊位，让人们出售各种傣泐人的传统手工艺品，包括纺织品和各种生活用品、小吃等。让参加的人们能够在这里体验传统的市场氛围，同时购买自己喜好的传统手工艺品，品尝小吃。

第六，传统文化游行，各个村子的人们身穿节日的盛装，手持各种传统的手工艺品、鲜花，甚至拉着花车在街上游行，一边行走一边跳起传统的舞蹈。

第七，歌舞宴会。晚间在寺庙中举办歌舞宴会，让人们一面欣赏传统的傣泐人的歌舞表演，另一面享受傣泐人的传统美食，尤其是在这个过程中体现传统的环境友好型生活方式，所有的食物容器都是用芭蕉叶树叶制作成的，很多食物也是用芭蕉叶或者竹子包裹着烹制而成的。

在节日期间，当地 48 个傣泐人村子的人们都会身着节日的盛装，前来参加活动。他们要派出代表，精心准备参加各种指定的活动。同时人们也是活动的欣赏者，在这个活动中感受节日的快乐，学习传统技艺。参加的人们都感觉到这样的活动能够增强人们的民族自豪感和自信心，让外界更多地了解傣泐人的文化传统，有利于这个民族的文化传承下去。通过这样的活动，还能够吸引新闻媒体的关注，吸引越来越多的外地人，甚至是外国游客前来参与，使傣泐人的传统文化越来越知名。节日也带动了旅游业的发展，每年在文化节期间，周围的住宿都会被预订一空，同时人们也可以在节日期间出售自己制作的手工艺品、食品，获得一些经济收入。很多村子的人们为了准备节日出售的手工艺品和食品，都要进行精心的准备。很多人都需要重新进行学习，这样就使年轻人有机会学习传统的手工技艺。

近年来傣泐人的文化复兴活动有多种原因。既有一般经济上的原因，也有民族深层次的原因，主要表现在以下几个方面。

一是经济发展的原因，这是一个相对表面的一原因，但又是一个非常重要的原因。随着傣泐人居住地区的对外交往的增多，尤其是经济交往的增多，旅游业在这一地区的发展成为一个推动经济发展的重要动力，在这个过程中富有民族特色的民族文化成为旅游业发展中的特色产品。不论是节庆活动还是纺织品、传统的饮食、歌舞表演等在其中都能显现出价值，转变为经济资源。因此近年来各地的傣泐人居住区都把民族文化产品作为旅游业的重要产品，挖掘民族文化推动旅游业的发展，甚至已经丧失了很多年的文化活动和文化因子都被开发出来。例如在难府的傣泐人自古以来每三年对祖籍的勐腊神进行祭祀活动，在过去这个活动是民族宗教活动，旨在维持傣泐人的民族传统文化和傣泐人的社会团结，不对外开放。近年来随着旅游业的发展，活动也对游客开放，加上了一些其他的商业活动，便成了当地旅游项目之一。旅游业对传统文化的需求，客观而言对维持傣泐人的文化是有好处的，也推动了傣泐人的文化复兴。

二是傣泐人文化和社会生存的需要，这是一个深层次的原因。今天傣泐人越来越认识到在当代的发展环境中，尤其是在全球化的发展环境中，如果没有自己的文化，那么傣泐人在社会生活中的地位将会下降，自身的文化将会交汇融合于泰文化甚至是外来文化的洪流中，丧失了自我。因此很多傣泐人的知识分子和社区中的有识之士都在推动傣泐人的文化复兴，希望通过保持傣泐人的传统文化去维持傣泐人的文化存在和傣泐人的团结、群体的存在，进而争取到在社会生活中更高的文化地位和社会地位。因此在我们的调研过程中，知识分子多认为保持文化的独立性对于维持傣泐人的文化传统和社会地位是非常重要的，必须在全球化的过程中使傣少泐人的文化获得更多的复兴。在这个过程中，一方面要保持傣泐人今天在泰国近200年的生存过程中所形成的文化；另一方面由于当地傣泐人的祖籍地在西双版纳，因此学习和维护与西双版纳的文化传统，也成为当地傣泐人维持自己的文化传统、推动文化复兴的重要渠道。因此当地傣泐人不仅在一二百年来维持着对祖籍地的文化认同，近几年来更多地强调了这种认同的价值。

第四章　泰国傣泐人的文化认同

第一节　傣泐人文化认同的结构

傣泐人有其共同的民族文化认同。泰国傣泐人的文化认同，首先也是当地的傣泐人对于自己的文化的认同，但是傣泐人的文化认同构成有其特殊的历史背景、民族传统、当地的社会文化环境和生产环境的影响，形成了今天泰国傣泐人的文化认同构成要素的特殊性，这种文化认同和其祖籍地的傣族人民的文化认同已经有了较大的差别。概括而言，泰国傣泐人文化认同的构成要素主要有五方面：民族认同、祖先认同、社区认同、民族文化认同、居住国的国家和国家文化认同。下面我们分别加以论述。

一　民族认同

民族认同是傣泐人最基本的身份认同，也就是认同自己是一个傣泐人。居住在泰国的傣泐人都会认同自己的傣泐人身份，并且以此和其他民族相区别。在今天傣泐人并不因为自己是泰国公民而忘记了自己的民族身份，傣泐人一方面认同自己是泰国的国家公民，另一方面认同自己是傣泐人，尽管在泰国并不承认其国家意义上的民族身份。人们在傣泐人的身份认同之下，展开对傣泐人的祖先认同和民族文化认同，即由于自己认同自己是一个傣泐人，因此拥有对傣泐人的祖先的认同以及对傣泐人的文化的认同。

我们在泰国北部的调查研究表明，今天无论是老一辈人还是年轻人，包括身处难民村里的人们和在学校里学习的小学生，都很明确自己的傣泐人身份。2009年我们在帕腰调研的时候，曾经到一个有50名二年级小学生的课堂中进行过调研，我们要求是傣泐人的小学生举起自己的手表明自己的身份，结果有16名小学生举手表明自己是傣泐人。他们表示从小自己的父母就明确告知他们要记住他们是傣泐人，并且还有一些学生知道他们的父母是来自于中国云南的西双版纳。在随后的谈话了解中，老师和学生们都表示在日常生活中他们和其他族群的人们，尤其是和其他泰人支系的人们没有多大的交往障碍，并且相处得很好，但是他们彼此间都知道自己的族群身份，他们也认为自己是一个傣泐人很好，是自豪的，因为他们有自己优秀的文化。在今年的泰国北部傣泐人社区中，人们都使用傣泐语言，保持着傣泐人传统文化，但是对外的时候人们还是使用泰国的标准语言，在文化上尽量和通行的文化保持一致。

二 祖先认同

祖先认同是泰国傣泐人较重要的文化认同构成因子，因为在其他地方的傣族是没有相应的祖先认同以及相应的表现形式的。泰国傣泐人的祖先认同的出现，和它的特殊迁徙历史有直接的关系，也就是由于傣泐人是从中国的云南或者缅甸、老挝等地迁徙到今天的居住地的，因此形成了他们特殊的祖先认同。傣泐人的祖先认同较为复杂，一方面是人们认同自己的祖先，这种祖先往往并不是自己的血缘祖先，而是带领自己的祖先们从过去的祖籍地迁徙到今天居住地方的头人或者英雄，并且加以崇拜，通过崇拜强化对祖先的认同。在调研中很多村寨的长者都说，崇拜祖先的活动主要的目的就是要让居住在这里的傣泐人子子孙孙都记住自己是哪个民族，记住自己的祖籍地在哪里、自己祖先迁徙的历史，通过对同一个祖先的认同，保持傣泐人的团结和文化传承。包括傣泐人社区的团结和一个村子的团结，保持整个傣泐人社会的团结和文化的传承，使傣泐人能够可持续地生存下去。

傣泐人对祖先的认同通过具体的崇拜形式表达出来，并且有不同的层次。

一是对传统的行政管理区作为祖先的神灵的认同，即勐神的认同。勐神事实上是被神化了的最初创建这个勐的创建者，因为成为勐的头人，随后也被人们神化成为被崇拜和祭祀的对象。傣泰民族的历史上勐是重要的行政管理单位，因此勐神是傣泰民族传统文化中重要的神灵和崇拜对象。人们都会记住自己是属于哪一个勐的人，因此也认同自己的勐神。相应地认同自己的勐神，也就认同了自己是属于哪一个勐的人，因此在泰国的傣泐人中有对勐腊神、勐勇神的祭祀等。

二是对村子祖先的认同。这一点对傣泐人来说是较为特殊的，因为其他的傣族人社会中没有这种现象。人们所认同的祖先是当时带领村子里的先人们迁徙到这里的头人，而不是人们的血缘祖先。这些祖先往往都有具体的姓名等，并在每一个村子中都建有相应的寺庙，塑有这些头人的塑像。在傣泐人的很多村子中都可以看到村子的祖先被雕塑成骑着高大的骏马，手持战刀，威武英俊的战士。在有的村子中，由于历史的久远已经记不清楚自己的祖先的姓名，但是在人们的传说中不是由人带领着自己的祖辈来到这里，而是由老虎、豹子等有神性的动物带领到来的，因此他们祭祀的祖先不是人，而是老虎、豹子等动物。在这种祖先记忆之下的认同，人们认为我们是同一个祖先带领来到这里的，因此我们就是一个祖先的后人，我们居住在这个村中的人们需要保持团结和互助，在这些方面一个村子的人优先于其他的村子的人。这就是村子祖先认同的重要性。

三是祖籍地认同。傣泐人由于有明确的迁徙历史记忆，因此人们知道自己的祖先来自什么地方，对于自己的祖籍地有明确的认同。人们都会认同自己是来自于祖籍地的什么地方，例如在西双版纳的勐龙、勐满或者更大一些的勐景洪、勐腊等地。如上所述，在傣泐人的迁徙过程中，他们迁徙到新的居住地建立村子的时候，往往也会将自己祖籍地的村子的名字作为新的村子的名字，而将新的居住地用祖籍地的地名来命名。通过祖籍地的地名的记忆、祖籍地神灵的崇拜以及一些歌曲等文学作品，人们就能够清楚地保持自己的祖籍地认同。在历史上人们这样做的目的也许仅仅是让子孙们不忘记自己的来源，但是在今天这种祖籍地认同就有了新的价值。

三 社区认同

傣泐人的社区认同分为勐的认同和村子的认同两个层面。人们不仅有对勐和村子的祖先的认同，同时也存在对勐和村子的认同，这是一种民族认同之下亚层次的身份认同。对勐的认同，表明自己是属于哪一个勐的人，这一点在过去和自己在这个模型中的社会、经济和军事联系有直接的关系。因为在傣泰民族的传统社会中，不同的勐在社会结构中的地位和作用是不一样的，那么作为这个勐的人，其社会关系也是不一样的。在今天社会关系已经发生了根本的变化，不再有传统社会中的封建关系的影响，因此属于哪一个勐仅是人们的一种概念中的身份归属，没有太多的实际价值。

第二个层面是对于村子的认同，表明自己是属于哪个村子的人，自己认同自己属于哪个村子。这一点在过去有非常大的重要性，因为自己属于哪个村子，就有可能从这个村子中获得土地并且获得生计的帮助，甚至自己的灵魂都是属于自己的这个村子的，如果离开了这个村子那么不仅自己的灵魂没有了归属，自己的生计都没有保障，这就是村子在过去对于村民的生存的重要价值所在。在傣泐人的村子中与西双版纳傣泐人一样，每一个村子在建立的时候都建有一个寨心，这就是一个村子的神灵的中心，人们每年都要祭祀这个寨心，或者有新的生命出世的时候父母要来这里进行祭祀，表明属于这个村子的一个生命已经诞生；当人死的时候也要来这里祭祀。在过去每当一个人离开村子出远门的时候，也都要来寨心祭祀，告知离开并且祈求神保佑平安。其他可以表达对于村子的认同的方式，还包括有规则地参加村子的佛教崇拜活动，尽到一个村子的传统义务，等等。总之，对村子的认同是人们的一种基本认同，因为村子给了人们基本的生存条件，是人们基本的生活氛围和社会关系的体现。村子和村子之间的社会关系上有可能存在着差异，因此对于村子的认同同样也会受到这种社会关系的影响。在清迈傣泐人的一些村子中，有的村子建成较早，拥有较多的土地并且比较富裕，有的村子建成较晚，可能不富裕，这样不同村子的人们社会关系就存在差别，相对而言富裕的村子的人们对村子的认同感较强。

四 民族文化认同

民族文化是一个民族最重要的构成要素之一，包括精神、制度、行为、物质等不同层面的文化因子，因此它也是一个民族重要的特征。对于民族的认同，也表现为对民族文化的认同，民族文化认同表现在对于本民族的文化因子的态度上。认同一个民族，也认同一个民族的文化，从而对本民族的文化怀有感情，享受和体验、传承本民族的文化，将本民族的文化作为自己生存的一种重要基础。泰国北部的傣泐人有自己鲜明的民族文化,包括舞蹈、音乐、文学、宗教观念和祭祀等精神层面上的内容,也包括建筑、纺织品的图案、手工艺品和很多生产劳动中的工艺居住的物质层面的内容,还有生活方式、生活习俗、节日、社会规范等社会生活中的内容。这其中的很多内容都是和其他民族有区别的,包括和当地的其他泰人族群支系有鲜明的差别,成为当地傣泐人重要的文化特质和文化标志,甚至是和其他民族和其他泰人族群的文化区别。例如傣泐人传统的建筑风格、傣泐人妇女裙子上的图案、傣泐人的饮食习俗和食用的很多食物、婚姻习俗、傣泐语言等。今天傣泐人对自己民族的主要文化多持有积极的认同态度,并且愿意积极地传承自己的民族文化,甚至在今天对于本民族文化的认同感和认同意识比过去更强化了。在我们对泰国北部20余个傣泐人村子的走访调查中,我们都会有相同的问题向我们的受访者提出,包括对傣泐人文化的认知程度和认同感,除了认知程度因为年龄等关系的影响外,对傣泐文化的认同为百分之百。人们认为自己的民族文化是傣泐人重要的标志,也是傣泐人生活中不可缺少的内容,在今天全球化的过程中,傣泐人的文化特征更是傣泐人存在和发展必不可少的内容。因此在今天对民族文化的保持、保护和传承,也表明了人们的文化态度,成为人们文化认同的重要构成。

五 居住国的国家认同和国家文化认同

傣泐人迁移到泰国已经有几百年的历史,同时绝大多数人已经成为泰国公民。因此接受并认同泰国的国家文化,拥有对泰国的国家认同和国家的文化认同已经成为必然。尤其是在当代接受泰国的国民教育、融入泰国社会、接受并且感受泰国的文化是必须的,因此今天居住在泰国的傣泐人早已拥有对泰国的国家认同和国家文化的认同。对泰国的国家认同和国家的文化认同成为傣泐人文化认同结构中一个重要的层次。在今天的青年一代中更多地接受国民教育、感受泰国国家文化、融入泰国的社会、参与政治生活与经济生活，因此对于泰国的国家认同比老一辈人更强。

第二节　文化变迁与文化认同的变化

一　当代发展环境中的傣泐文化

傣泐人有自己的传统文化。在傣泐人迁徙到泰国北部之前，傣泐人就已经形成了自己的民族文化，但是在迁徙到泰国北部之后，傣泐人也接受了当地的地方主体文化——兰那文化的影响以及随后的曼谷文化的影响。尽管如此，在傣泐人社区中传统的傣泐文化仍然占主体地位，包括傣泐人的语言、宗教、服装、饮食习俗和其他风俗习惯。但是就近年来傣泐人的传统文化来说，包括了在历史上所接受的兰那文化。在今天的发展环境中，总体上傣泐人文化还是在被保留着的，尤其是傣泐人社区中传统文化仍然受到人们的尊重和维持，包括傣泐人的传统宗教信仰活动、语言、服饰、居住风格等。作为民族文化重要构成的因素语言，今天在傣泐人社区中仍然较好地保留着，在对外时人们使用曼谷标准语言，但是在社区中人们都使用傣泐人语言。在宗教传统上，更反映了傣泐人对传统文化的维持，傣泐人和其他当地泰人一样信仰南传佛教，但是由于来自于西双版纳，在信仰活动有一些自己的特点被保留着。与此同时宗教信仰更鲜明的特点反映在自然崇拜之中，当地傣泐人有很多和西双版纳相同的自然崇拜活动，同时还有祖先崇拜，这是当地其他泰人没有的。

但是与此同时在当代的社会文化环境中，傣泐人的传统文化也同样受到外部文化的影响。在今天,泰国的国家文化以及其他外来的文化,包括大量的西方文化正在冲击着傣泐人的文化传统,外部的文化通过教育、国家认同的塑造、现代化的文化传播、社会生活的参与等与过去不同的渠道和方式影响着傣泐人的文化传统,尤其是年轻一代对现代文化的融入直接改变着傣泐人的传统文化,使傣泐人的传统文化在当代的社会环境中的保护和传承经受着越来越大的挑战。今天一个重要的现象是这种外来文化对傣泐人的文化形成了较大的冲击,很多民族文化的因子也因此而丧失。今天新一代傣泐人都是在学校里面接受国民教育,学习标准的泰国语言文字和规范化的教学课程。虽然在傣泐人社区里还普遍使用傣泐语言,但是年轻一代更精通泰国的标准语言和文字,对傣泐人自己的历史文化的语言表述的理解变得越来越困难,他们学习并且接受主流文化,对民族传统文化的了解也越来越缺乏。在今天的傣泐人社区中,人们越来越多的是参与全国性的各种节日和庆典活动,传统的建筑风格大多为大众化的建筑风格所取代,人们穿着服装也很大众化。今天大多数的傣泐人传统文化因子往往都只能在一些特定的场所再现,例如宗教祭祀活动、祖先祭祀活动和一些传统节日之中,在日常生活中,泰国各民族的文化都趋于一体化,这也是一个大趋势。因此今天对于傣泐人的传统文化来说,人们所做的是努力去保持和传承传统文化,在今天大的文化融合环境中使自己的文化能够保存下去。今天各地的傣泐人在保持传统文化方面也做了大量的工作,并且很有成效。傣泐人的文化自觉意识也在增强,人们通过各种方式在保护和传承自己的传统文化,有很多传统文化因子被开发生产成为商品,在赢得市场的同时也获得了保护。

阪桑盛村(BAN SANSAI KONGUHAM, BAN SEA SUBDISCTRICT, CHIANG SEAN)是前面提到的清盛的难民村。由于这个

村子是近年来才从中国的西双版纳搬迁到这里的傣泐人以及缅甸等地的傣泐人为主建立的，因此西双版纳当地傣族的文化传统在这里仍然较好地保存着。人们还保持着西双版纳传统的服装式样，虽然在平日并不穿，但在节日里人们都还穿传统的民族服装，而这些传统的民族服装式样在今天的西双版纳已经看不到了。人们保持着佛教信仰，除了在本村建有寺庙之外，每年缅甸的勐勇地区祭祀大佛塔的时候，很多人都要前往参加，有的年长者已经去了很多次。和西双版纳一样传统的宗教节日也都是相同的，例如傣历新年、开门节、关门节等。西双版纳傣族的一个重要的文化特征是在结婚以后男方到女方家居住一段时间，然后再搬出来自立门户，按照传统，结婚以后在女方家居住的时间一般是两到三年。这个村子现在仍然保存着这一传统，在结婚以后必须在女方的家庭中居住一段时间才能看情况搬出居住。

傣历新年是保持和传承传统文化的重要环节，这里的傣历新年和西双版纳基本一样。第一天主要是杀猪杀牛，制作丰盛的饮食，全家人一起吃喝，庆祝节日的到来。第二天全村人一起到寺庙中去赕佛，要进行传统的浴佛像活动，全村人听和尚诵经。这一天人们还要到水边放生，或者向空中放生小鸟，晚上还要放孔明灯。第三天人们要祭祀村寨神。人们在建立村子以后，也按照西双版纳傣族的传统设置了本村子的神，每年新年的第三天都要进行祭祀，祈求村寨的神灵保佑全村人幸福平安，在新的一年中生活稳定、身体健康并且有更好的生活。在过节期间人们要穿着传统的民族服装，跳起民族传统的舞蹈，并且互相泼水祝福，在节日的最后一天人们还要泼水狂欢，尤其是青年人更热衷泼水节的狂欢气氛。一年一度的节日也吸引来了其他村寨的人们参加，增加了和其他村寨不同族群泰人的友谊。值得一提的是在这个村子有些特别的习俗，例如和西双版纳一样，这个村子有"赕坦"即供俸经书的佛教活动，在活动中家家户户都要抄写一份经书供奉给寺庙，祈求平安并追思逝去的亲人，这一传统习俗在当地的其他泰人村子中是没有的。这个村子由于和当地其他村寨通婚、搬迁等原因，也有一些其他族群的人居住在村子里，但是他们都遵从这个村子的传统习俗。

阪通村，属南奔府姆安区（Baan Tong Amphan MuAng, Lamphun）。这个村子是一个泰勇人村子，约在200多年前，也就是清迈PHYA KAWILA王时期迁徙到这一地区。根据历史文献记录，在1805年有大约一万人从缅甸的勐勇迁徙到这里来。当时在战争之后这里地广人稀，需要大量的农村人口从事农业生产，因此当时忙的国王便从缅甸景栋（CHIAN TUNG）、西双版纳等地大量迁移人口到泰国北部。1805年是人口迁移最多的时候。但是在更早的时期，已有一些泰勇人从勐龙迁徙到这里，并且使这里变成那个泰勇人的小城镇，由于在迁移的过程之中是整个地区的人口都被整迁来，因此祖籍地的社会结构和文化同样在泰勇人的地区被移植保留，迁移来的人口中包括了他们的头人、亲戚、贵族、和尚、士兵、平民和奴隶。与此同时，人们祖籍地的宗教信仰活动同时也被带到了新的居住地方，包括维持人们文化认同最重要的因子——勐神、村神崇拜都被迁到了这里，因此在长期的历史发展过程中，傣泐人的语言和文化得以保留下来。因此这样的人口迁移的结果是祖籍地的社会整个搬迁到了泰国北部，建立起来勐勇城（MUANG YONG），也就是泰勇人的城镇。在1805—1811年之间，当地泰勇地区的头人扮演着当地政府管理者的角色，这一点和其他地方不一样，它没有受到清迈当地政府的直接管理。

在刚刚搬迁到这里的时候，人们主要是在滨河（PING RIVER）的河流沿岸从事农业生产，种植水稻、棉花等作物，使勐勇成为一个农业社区。在随后的历史发展过程中，还有一些其他的人口陆续迁移到这里居住，包括了掸人、克伦等人，使这里的文化呈现出多样性的特征。

在有人迁移到这里居住之后，人们的文化都被保留着，包括语言和文字、住宅的风格、服装、饮食习俗、婚姻习俗以及其他社会习俗。这一切在20世纪五六十年代仍然保留完好。但是近年来随着泰国社会较快的变迁，包括当地的城镇化、社会的开放、国民教育的发展、外来文化的影响、交通的发展等因素，使当地社会经济有一个较快的变迁过程，当地的社会、文化和族群发生了较快的融合，这时的泰勇人文化在这个过程中很多都丧失了。这里靠近清迈，城市化水平较高，受到城市影响比其他地区的傣泐人更大，因此传统文化受到的改变也更大。

在今天，人们已可与当地其他泰人广泛通婚，因此发生了族群的融合。很多泰勇人已经和当地的兰那泰人结婚而使族群的边界变得模糊，当地的一些文化人士认为再过二三十年，泰勇人将通过婚姻的融合而使族群身份变得模糊不清。在宗教方面，这个村子在30年前仍然有40名左右和尚，村中大多数的青年人都像传统要求的那样在一生中要到寺庙里当一段时间的和尚，但是目前大部分人已经不再当和尚，目前村子里的寺庙中只有六名和尚和一名大佛爷。但是人们还维持着对佛教的信仰，佛教的各种祭祀活动和宗教节日中人们仍然是主动参加的。在衣着方面，传统的傣泐人服装已经很少有人再穿，更多的是从商店里买衣服，传统的民族服装在节日穿着。

由于当地傣泐人是大多数，因此当地其他的人也大多通晓并且使用傣泐人的语言。老一辈人大多数通西双版纳老傣文，但目前老傣文已经没有多少实际的用途，因此年轻人不愿再学习，目前通晓老傣文的人已经很少。

由于城市化的影响，这里的人们已经不再种田，土地租给其人做商业开发使用。村子里面的年轻人基本上都到城里面打工，挣钱回来买粮食及日用消费品。这使更多的青年人受到了城市的影响，从而对自己的历史和文化在观念上变得更加淡漠。很多青年人并没有兴趣知道自己的历史，但是寺庙中的大佛爷仍然常常在宗教节日中向青年人讲述自己民族的历史和文化，希望人们不要忘记自己的历史，更不能忘记自己是哪一族群的人。

尽管文化变迁已经较为迅速，但是这里仍然保留着很多傣泐人文化的要素，保持较好的仍然是语言，不论老小在家中都使用傣泐语言，但在外面工作和学习的时候使用的是以曼谷话为基础的标准的语言。传统语言的保持使人们能够区分自己族群和其他族群，感受到族群之间的差异，维持自己族群的认同。

和西双版纳的傣族人一样，这里的人们今天在房前屋后仍然保持着种植各种可使用的作物的习惯。人们在房前屋后种植各种可供观赏的花草、各种烹调食物的调料植物、特殊的可食用植物、水果等，多达几十种，例如香茅草等。很多植物在今天的西双版纳热带广泛种植，作为烹调食物的调料。人们的饮食习惯和烹调食物的习俗，与西双版纳都还有很多相同之处，例如酸帕菜、南咪酱、灰火烤米片等。

对于大多数的泰勇人来说，尽管傣泐人的物质文化和精神文化在现代化的过程中已经丧失了很多，但是人们仍然保持着傣泐人的认同，人们仍然知晓自己的族群身份，也有越来越多的年轻人关注自己的历史。今天随着很多传统文化的丧失，也使很多人对自己民族文化的传承和保留感到了忧虑，力图避免文化更多的丧失，进行了很多的努力。例如编写自己族群的迁徙历史，恢复一些传统的物质文化生活、重视传统节日等。目前节日已经成为族群传统文化得以传承的重要环节。

一些传统的工艺品，尤其是纺织品的开发，在村子里面得到发展。村子里普遍生产传统的棉布以及丝织品，受到了市场的青睐。尤其是传统的丝织品非常有名，包括一些泰国皇室的成员都到这个村子来定制衣服的布料，这给村民带来了很可观的收入。当地村民认为，传统纺织品的开发不仅成为村寨里面重要的经济收入，更重要的是保持了傣泐人的传统文化，使这一项传统的技艺不丧失。

从上面的两个例子中我们可以看出，尽管今天的傣泐人文化处在一个大的社会文化变迁的环境中，传统文化的很多因子都受到了这种环境的影响，但是作为傣泐人来说他们还是在努力地保护和传承自己的传统文化。不论是通过何种方法，他们努力的最终目的还是要维持本民族在这个大的变迁环境中的文化存在，维持自己的文化认同。人们保护和传承自己的传统文化的愿望，本身也是一种文化认同的表现，而对于传统文化的维持和传承也维持了人们的文化认同。如果传统文化在这个过程中丧失了，那么文化认同也可能失去载体。

二　文化认同的变化与维持

傣泐人迁徙到泰国北部之后，虽然有自己的居住地并且形成了傣泐人社区，但是当地也有其他的很多民族，包括一些其他的傣泐人支系和山地土著民族。泰国北部实际统治者是兰那王国，兰那王国的政治、经济、社会和文化都是当地的主流文化，即地方性的官方文化。在这种情况下，早期迁徙到泰国北部的傣泐人的文化认同，主要是对自己民族的文化认同，并且通过一系列的文化活动和文化传统来维持傣泐人自己的文化认同，将自己祖籍地的文化再现于新的居住环境中。傣泰民族是一个十分注重民族和社区凝聚力的民族，社会文化中非常重要的就是社区的组织制度，即傣泰民族特殊的行政管理制度"勐"和村子"曼"（泰国称为

"阪")的制度。因此泰国傣泐人也承袭了这一传统,在迁徙到泰国之后也极力地维持着自己的民族文化传统和文化认同。这样做的目的在对今天对傣泐人社会的考察中仍然可以得到明确的答案,那就是本民族的文化认同和文化传统使这个民族能够在当地生存下去、不被其他民族所同化的最重要的因素,并且通过文化认同与文化传统的维持来实现傣泐人社会的团结、稳定与互助。

与此同时,人们也必须认同当地的主流文化,那就是兰那文化。泰国傣泐人在保持自己的民族文化认同的同时,也必须有对兰那文化的认同,认同自己是兰那文化的一个分子,这样才能够融入当地新的居住环境之中。因此泰国傣泐人也积极接受并且参与到兰那的文化氛围中,包括学习并认同兰那的宗教传统、节日、语言文字、社会习俗和社会规范等。至20世纪60年代,泰国的傣泐人实际上已受到兰那文化较深的影响。[①]

对中国的傣族来说,当代社会文化的巨大变迁开始于20世纪50年代之后,伴随着新中国的成立而来的傣族地区的社会经济结构的变革,导致了傣族文化在当代新的变迁。而对于泰国傣泐人来说,当代文化的变革和中国傣族有很大的差别,真正的变革开始于1961年泰国中央政府制定并且实施的国家经济发展计划。这一计划极大地推进了泰国社会的商业化和工业化,包括在遥远的农村地区也逐渐受到了商业化的影响,傣泐人和其他各族群人民由此改变了过去自给自足的生产方式,生产开始以市场为导向,受到市场的影响。尤其是在靠近城镇的农村,人们的生产受到的影响更大,甚至在今天很多城镇附近的傣泐人农村已经逐步融入

---

① 参阅[泰]宋迈·普拉奇、[法]安派·朵雷《兰那十二个月的传统》,赵英译,云南民族出版社2001年版。SOMMAI PREMCHIT and AMPHAY DORE: THE LAN NAN TWELVE—MONTH TRADITIONS, 1992。

了城镇发展的环境之中。新的商业化和工业化发展不仅改变了泰国的农村经济发展方式，同时也改变了人们的生活方式，傣泐人也不例外，尤其是在靠近城镇的农村中。伴随着新的经济发展计划的推进，泰国人政府也在全国推进现代教育发展和大众文化传播事业发展，尤其是农村中小学校建设的普及基本涵盖了泰国的农村，今天在傣泐人居住的地区都有小学和中学。文化教育统一化极大地推进了泰国社会中不同族群向主流文化的融合，这种变化对泰国各族群人们的文化认同也产生了深刻影响，一方面是民族文化越来越融入主流文化之中，导致很多族群传统文化的消失；另一方面人们也不断增强了对主流文化的认同，包括傣泐人也一样。青年一代在学校中学习泰国的标准语言和文字，通过大众传媒接受现代文化，在社会生活中融入泰国的社会制度和社会生活，总之按照泰国学者的说法，各个族群由此走向泰国化。因此在20世纪90年代，傣泐人的文化认同一方面是保持着对本民族文化的认同，另一方面对国家主体文化的认同不断地得到强化。在20世纪90年代之后，由于国家主体文化的强势推进，各族群的文化保持和传承受到了越来越严峻的挑战，导致了族群认同的弱化。尽管如此，傣泐人社会之中的有识之士仍在努力通过各种途径保护本民族的文化，包括保持通常的重要传统活动，传承并且开发传统的手工艺，等等。

  传统的宗教活动是人们维持文化认同的一个重要途径，我们通过一个村子传统的宗教祭祀活动来考察人们对于傣泐人文化认同在当代的状况。

  勐满村（Ban Mang village, Yuan Sub-district, Chiang Kham, Phayao）村民们都信仰南传上座部佛教。村中有一座佛教寺庙，相应的宗教习俗和其他泰人村子基本一致，甚至和泰国中部的佛教一致。但是当地泰人的信仰体系中佛教的信仰与自然神灵的信仰同时存在，这是傣泰民族传统信仰的一个重要特点。因此自然神灵崇拜是当地傣泐人最具有代表性的宗教信仰活动之一，它不仅是一种崇拜，既有非常丰富的历史和文化内涵，同时也是维持人们文化认同最重要的途径。

勐满村的神灵崇拜有四个层次。一是祭祀勐腊神。这个祭祀活动是最大的活动，但不是这个村独有的，是整个地区从勐腊县迁到这里的村子共有的。由于这里的很多村子是在过去由中国西双版纳的勐腊地区（今勐腊县）迁到此地的，因此祖籍地的神也就成了当地重要的崇拜神，以此来表达对祖先的崇敬与记忆。祭祀勐腊祖宗神每三年一次，称为祭"召勐腊"，"召"是傣语"王"的意思，"召勐腊"即勐腊王。祭祀的时间根据公元决定，在祭祀的时候，所有从勐腊搬迁到这里的傣泐人后代都要参加，当地其他的泰人也有代表参加，因此十分隆重。

二是勐满神。由于这个村子是从西双版纳勐腊地区勐满迁到这里的，因此要祭祀勐满的祖宗神，每年一次，时间在每年公历的8月6日，全村子的人都要参加。在村子中有一个勐满神的小庙，周围围起来一个300平方米左右的院子。勐满神的小庙中供着勐满神的神像，是一个骑着马、手持长刀的武士。他就是带领着人们从西双版纳勐满迁徙到这里来的祖先。过去的小庙是用木头建成的，几年前已经重新修建成水泥结构。

三是村寨神。村寨神的祭祀每年进行一次，祭祀的对象是建立村寨时的神灵，事实上就是建立这个村子的祖宗。在村子中建有村寨神的小庙，是一所水泥结构的房子，里面面对面供着两座村寨神的神像。祭祀村寨神的时候，要在村寨神的祭祀地方杀一头黑色的猪，并且在祭祀的地方插上白色的菊花。祭祀的地方只有男人进去，女人不能进去。此外在祭祀村寨神的时候其他村子的人不能进入，以此保持本村村民的身份。对村寨神的祭祀是人们村寨认同的重要基础。在当地老百姓中有这样的说法：拜哪个村子的神就是哪一个村人，因此在一个村子里面无论是哪一种族群背景，只要他崇拜这个村子的神，他就是这个村子的人。因此对村寨的认同是依据崇拜村社的神来确定的，村寨神成为人们维持村寨认同的重要标志。在祭祀活动的当天，全村人都要参加。在祭祀活动结束以后全村子的人一起吃饭。

　　四是家神灵。家神是家庭祖先的神灵，一般没有具体的祭祀物体，每到过节的时候在住房的一个角落供上一些食物。

　　和西双版纳不同的是在西双版纳目前仍普遍存在"寨心"，即表示一个村子中心的标志，它和人们的自然崇拜结合在一起，在一个村子建立的时候就要建立寨心，同时人们也对它进行祭祀。这一习俗是傣族最重要的习俗之一。按照西双版纳的传统，寨心是一个村子中人们灵魂的归属，当一个人出生以后父母就会去寨心处进行祭祀，将孩子的灵魂交给寨心。在随后的岁月中，村民们如果有较长的时间要离开村子，就必须到在寨心祭祀，有告假的意思。返回村子的时候也要进行祭祀，表示自己的灵魂再次回到村子。在人死之后，也要进行祭祀，表示这个人已经不再存在，也不能让他的灵魂再次回到村子。中国一些傣族地区，村子中有多少村民就要在寨心放多少个人形木偶。这个古老而重要的传统在勐满村曾经存在，但今天已经淡化，仅仅有一个寨心存在过的地方，但是人们已经不祭祀。寨心存在的地方，今天位于村子中的一条公路旁，已没有任何特别的标记，甚至被民房的围墙挡住。为什么这么一个古老的传统在今天已被人们逐渐放弃？据村民说这种现象与今天村子里的青年人大量外出工作、人们的社会关系变化甚至疏远有直接的关系，因为寨心最核心的内涵反映的就是人们密切的村寨社会关系。尽管人们的社会关系和生活方式导致这一古老传统的淡化，但是人们对表达族群认同的祖籍地祭祀，也就是今天仍然存在的勐神、村寨神祭祀,这表明人们对族群的认同仍然有较强烈的意识。这种现象也反映了社会的变迁,人们今天已经不完全依赖于村子去生存,和村子的传统制度(包括人们经济关系、社会关系、宗教关系在内的传统的村社制度)相比较,今年人们对于村子的依附关系已经较少,在更大的社会环境中获取生存资源的可能性远远大于传统的村社,是导致这一个古老传统丧失的重要原因。

今天人们仍然保持着很多自然崇拜活动。例如在每年稻谷收获之后要祭祀新米,即稻神。祭祀的时间是傣历的三月十五日,由于傣历和阳历不一致,2008年是12月23日。祭祀的时候在当日早晨,每家每户都会拿一些当年的新米到寺庙旁边的稻米神坛处参加祭祀活动,祈求新的一年获得好的收成。今天这一祭祀活动在很多地方已经和佛教融为一体,由和尚主持祭祀。

在村子有一棵古老的大树木头放在勐满神庙中,这棵大树长40米、直径超过1米,上面建了一座没有围墙的房子。人们对这棵大树经常进行祭祀,在上面挂了很多纺织的条幔、鲜花。据说这棵大树是在很久以前在村子边的河中发现的,人们认为它有灵性,因此把它打捞起来放在这里,这样的大树木在邻近的村子中还有一棵。这一现象是村民们崇拜自然的典型反映。

人们在历史上搬迁到当地已经有200年左右的历史,但是人们仍然非常明确地保持着对于自己祖先、祖籍地以及祖籍地文化的记忆和认同。这种认同反映在村民们对于祖先的祭祀过程及对一代一代青少年的教育过程之中。人们至今仍然非常明确地认同自己是来自于中国云南的西双版纳地区,对于祖先的崇拜和祭祀又可以分为对于祖籍地王者的记忆和崇拜,以及对本村子开拓者的记忆和崇拜。尽管今天村子中绝大多数的人都没有去过西双版纳,但是他们都知道自己的祖先是来自西双版纳的。目前很多物质层面的文化都已经渐渐淡化，维持人们的族群认同最重要的因素是对祖先神灵的崇拜。人们每年都要进行不同的神灵祭祀活动，这些祭祀活动最重要的内涵是历史内涵，它一方面表达了对祖宗的尊重、崇拜，另一方面使人们的祖籍认同不断得到延续和强化，使后代的人们不忘记自己祖先的丰功伟绩，更不忘记自己从什么地方来到这里。通过这种祭祀活动，使人们的民族认同和文化认同得到延续，在这一活动中相关的各种宗教用品、祭祀的程序、内容、禁忌等文化不断得到再现，成为一种传承传统文化的重要途径。在现实生活中更重要的作用是能够增强人们的团结，不忘记自己是同一个祖宗的后代，因而在现实生活中互相帮助，共同获得生计。不论今天的现实生活发生了什么样的变化，但在这一点上人们观念上的认同感仍保持着。

第三节 当代的文化认同重构问题

一 重构文化认同的原因

如上所述，今天的泰国傣泐人的文化已经处在一个深受全球化和国家主流文化影响的大环境中，傣泐人的文化传统在这一过程中受到了较大的冲击，很多文化因子因此丧失，形成了泰国主流文化的大融合的趋势。在文化认同方面，也在维持民族文化认同同时不断强化对国家主流文化的认同，过去在传统的认同结构中占有重要地位的地方文化认同，即对兰那文化的认同感被削弱了。对国家主流文化的认同对于泰国境内的各个族群来说都是一种不可阻挡的大趋势，也是必然和合理的，但是民族传统文化的保存对于很多族群的知识精英和有识之士来说，也同样是重要的。因此在文化大融合的环境中，如何保持自己的民族传统文化，维持本民族的文化认同,是一个巨大的挑战。由此也促使当代傣泐人的文化认同进入另一个重构的过程中。

当代傣泐人的文化认同重构,一方面是被动的,那就是傣泐人的文化传统受到外来文化的深刻影响,尤其是国家主流文化环境的影响,通过教育和文化传播、国家的制度建设和社会生活的重构带来的傣泐人社会的改变,由此而促使傣泐人文化认同结构中对国家主流文化认同感的增强,尤其是较多地接受国民教育和更多地接受外来文化的青年人,对国家主流文化的认同更是必然的。在另一方面则是主动的,那就是傣泐人社会在当代面临着文化融合的大环境影响之下,又主动地保持和传承自己的民族传统文化,维持傣泐人的民族文化认同,并且由此而做了大量的工作。这一点是涉及傣泐人文化在泰国社会环境中发展前景的重要环节,也是我们研究的重点。

因此当代傣泐人文化认同的重构,从内容上来说就是在对国家主流文化认同增强的同时,保持本民族的文化认同,重新构建二者之间的一种平衡关系。但是在这个过程中,对国家主流文化的认同、各族群文化的一体化发展是一种大趋势,维持对本民族的文化认同、维持和传承民族传统则是一种艰苦的努力。

自 20 世纪 80 年代以来,泰国傣泐人的文化自觉意识明显增强,不仅是一些民族上层人士和知识精英,乡间百姓对自己的民族文化传统也有较强的认同意识,尤其是在今天的全球化和国家主流文化的对比过程中,人们对自己的传统文化有一种重新发现,更增强了这种意识。这其中原因有以下几个方面:

一是在政治上,一些傣泐人精英和上层认为要争取傣泐人在泰国社会中的社会和经济权益,必须保持傣泐人的文化传统,保持傣泐人社会的独立性,这样傣泐人才能在泰国社会环境中争取到自己的生存空间,甚至是过去不会过多强调的政治空间。通过傣泐人文化的保持，维持傣泐人的文化认同，使这一群体具有凝聚力，这样在泰国的民主化政治格局中、在投票选举的过程中能够赢得自己的政治权益，那么也赢得了傣泐人发展权益的可能性。今天泰国的政治民主化过程不断完善，在议会中拥有自己的代言人和来自地方的代表、在各级政权机关中拥有自己的代表都是非常重要的，因此傣泐人社会如果团结起来就是一个不可忽视的政治群体。又一个更重要的事实是，自2000年中叶以来泰国的政局动荡不断，政府更迭加快而导致国家经济政策的较大变化，很多变化都直接涉及基层的农民，例如在他信和英拉政府时期对农民在福利和农产品收购上面给予了很多的补贴，农民得到了很多好处，当然也使农民认识到了选票的重要性。而在他们的政府倒台以后，这些政策又发生了较大的变化。这就给当地的农民一个清楚的信号，那就是必须认识到农村政策的不稳定性以及主动改变自己现状的必要性，农民必须自己去争取自己的权益。在这种背景下农民必须更加团结，而同一个族群的人更有团结的基础和争取自己的权益的可能性。这一点在我们的实地调查中已经得到了验证，过去多年的社会动荡使老百姓对自己权益的关注度大大提高，他们认为必须自己团结起来才有可能争取到自己更多的利益，而不能在社会中随波逐流，像一根草在河流中漂泊。2007年笔者在清盛的一个傣泐人村子做调查的时候遇到一位中学老师宋萨，在他看来泰国社会已经进入了一种全球化发展的势态中，各个民族并没有保留自己民族文化的必要性，而是要融为一体，将泰国视为一个整体的民族去应对全球化的挑战，因为平等的机会可以由政府的努力来改变。在随后的几年中，笔者和他在调研的时候也多次见面，泰国社会的动荡使他的观念发生了很大的变化，2016年笔者再一次见到他的时候，他认为今天的泰国社会已经被政治所撕裂，各个族群还是有必要强调自己的族群文化和族群认同去应对社会变化的挑战，往往只有有历史渊源关系和传统民族认同的族群才是最有凝聚力的，应该发挥这种传统，增强族群认同。当然与此同时他认为泰国基层社会，尤其是泰国北部的农村总体上是和谐的，各个民族保持民族文化和自己的传统认同往往就是一种生活方式和传统的延续，不应该由此而引起族群之间的对抗。只要相互尊重，这种对抗就不会明显地显现出来，因为在泰国北部各个族群之间相互尊重、相互融合是一种地方性的传统，这些传承也应该得到延续。但是目前很多来自不同族群背景的政治精英都已经开始为强化自己族群的认同、复兴自己民族的文化而努力，这一点我们在后面还要深入加以论述。

二是在当地的文化主体地位。傣泐人是较早迁移到泰国北部的移民，同时也是人数较多、社会地位相对较高的一个族群。在傣泐人主要居住地区，傣泐人在当地的社会和文化地位较高，甚至在一些地方处于主体地位，例如傣泐文化在帕腰府的傣泐人为主的居住区甚至可以称为主体文化，当地的傣泐人节日和很多宗教活动都是主要的活动，居住在当地的其他族群都积极参与傣泐人的文化活动，受到傣泐人文化的影响。因此保持自己的民族文化在当地的主体地位，涉及傣泐人在当地的政治、社会和经济地位和利益，也包括了人们的文化优越感，这也是傣泐人切身关心的。如果傣泐人丧失了自己的民族文化传统和认同，那么这种文化的主体地位将可能消失在国家的主流文化环境中。

三是民族文化是一张名片，甚至是发展新型经济，尤其是旅游业的重要资源。事实上这几年各地的傣泐人利用自己特殊的历史和文化资源大力发展旅游业，在旅游业发展中推动傣泐人传统文化产品的生产，取得了显著的效益。旅游业的发展不仅使外界认识了傣泐人的文化，同时传统文化也显现出了新的价值，傣泐人的饮食文化和手工业产品都很受欢迎，很多傣泐人的村子都在生产传统的纺织品。旅游业的带动,使很多可能消失的民族文化因子被挖掘出来,显现出新的价值。很多地方的傣泐人每年都要举办傣泐人文化节日的活动,吸引旅游者参加。

四是一些社会地位较低的傣泐人社区为争取政治权益而强化民族文化认同意识。在泰国北部一些傣泐人的身份仍然是难民身份。在这种情况下,傣泐人民族文化认同而形成的民族凝聚力,成为一种社会团结的重要资源。它使人们在新的社会环境中团结成为一个新的社会群体,由此去争取自己的社会地位和生存空间。

五是出于一种民族感情和维持一种世代相传、每日相伴的民族传统的需要去强化自己的民族认同。我们在调查研究中访问了大量的傣泐人,很多人都认为维持民族传统文化和民族意识除了有其他的原因之外,很重要的一点是因为涉及民族感情。这个民族存在几千年,在泰国也存在了几百年,不能让它消失了,否则对不起自己的祖宗。因此必须要保持傣泐人的文化认同不在当地的社会发展环境中被弱化,哪怕是物质文化层面上的因素都已经改变,但是文化认同不能改变。

由上面的分析可以看出,这些有利于民族文化认同保持和强化的因素的出现,和泰国现今的社会政治环境有直接关系,也和傣泐人自己的生存地位有直接关系,因此在当代的泰国社会环境中,傣泐人的文化认同重构是有现实的基础的。

二 傣泰民族文化圈与傣泰民族的家园意识

当代傣泰民族的文化认同的重构过程有一个重要的基础,那就是傣泰民族文化圈的客观存在,同时形成了相应的傣泰民族的共同家园意识。由于共同的民族渊源关系和历史的迁徙,形成了傣泰民族在东南亚地区分布的一个共同的区域,这个区域包括了中国的云南省、泰国北部、越南北部、老挝东北部、缅甸北部和印度东部阿萨姆邦一个连成一片的在傣泰民族的共同居住地域，笔者称为傣泰民族文化圈。这个文化圈以有共同民族渊源关系的傣泰民族的生存定居为基础，形成了以下八个方面的特征：

第一，共同的分布地域。今天的傣泰民族文化圈有共同的地域构成，这是由于傣泰民族有共同的发源地并在历史上不断扩散而形成的。这一文化圈的范围大致是：中国的云南省、越南北部及西北部泰人分布地区、老挝北部泰人分布区、缅甸北部泰人分布区、泰国北部与东北部与中国有民族渊源关系的泰人分布地区。

第二，民族认同。傣泰民族在今天的东南亚分布已较广，并且有很多不同的支系，仅在中国不同称谓的傣族就有数十个之多，但是不论属于何种支系，傣泰民族都有共同的民族认同，即认同自己是属于傣泰民族。这一点是傣泰民族能够长期生存并保持自己的民族传统的最重要的因素，如果民族认同已经改变，如在越南义安省的一些泰人已融合进当地的其他民族中去，已不再承认自己是泰人，这就已改变了自己的民族认同，事实上也就不再属于泰人。因此傣泰民族的民族认同是一个十分重要的因素，在目前事实上形成的傣泰民族文化圈内基本的傣泰民族认同是存在的。

第三，共同的语言。傣泰民族都有共同的语言，即汉藏语系壮侗语族壮傣语支。由于历史迁徙的原因，傣泰民族的语言也有不同的方言，如中国云南的傣族就分为德宏方言及西双版纳方言两种主要方言，在东南亚各国方言则更多。尽管如此，这些方言的演化都是基于傣泰民族的共同语言的，在傣泰民族文化圈内语言基本相通，但方言差别很大，如云南红河流域的傣族与西双版纳、德宏的傣族语言差别就很大，没有一定的适应甚至听不懂，这也是事实。

第四，共同的社会制度。"勐—阪"制度是傣泰民族的基本社会制度，分布于各地的傣泰民族都保持着这一基本的制度，这一点在前面已有论述，在此不再多加论述。

第五，共同的宗教。傣泰民族都有共同的宗教特征，即自然崇拜。傣泰民族认为万物有灵，都加以崇拜。与"勐—阪"为基础的社会制度相对应的是勐有勐神、村有村神并加以崇拜，这是傣族宗教的基本特征，今天各地的傣泰民族人民都基本保持着这一宗教信仰。勐神与阪神（即村神）与傣泰民族人民的日常生活有密切的关系，除了日常祭祀外每年都要公祭，每个村子都有神树、神坛。自然崇拜是傣泰民族共同的宗教特征，但是傣泰民族中的大部分人民在信仰了南传上座部佛教后，大部分傣泰民族人民都共同信仰原始宗教与佛教，因此两种宗教同时信仰又成为大多数傣泰民族人民的共同特征。尽管如此，南传上座部佛教信仰不是傣泰民族人民的共同文化特征，尤其是在傣泰民族文化圈内，因为越南的大多数及中国云南红河流域等地区的傣泰民族人民不信仰佛教。

第六，共同的文化艺术。傣泰民族人民都有基于民族之上的共同的文化艺术，如舞蹈、音乐、文学等。如孔雀舞、象脚鼓舞等就是傣泰民族中的普遍的舞蹈。再如民间传说《如树屯》也是傣泰民族中流传最广泛的文学故事。

第七，共同的生活习俗。傣泰民族有很多共同的生活习俗，如居住杆栏式住房、食用酸性发酵食品、好沐浴、纹身、染齿等，这些共同的生活习俗构成了傣泰民族共有的一些文化特征。

第八，共同的经济基础。傣泰民族共同的生计方式是水稻种植，其历史上顺水迁徙的原因主要也在于水稻种植这一生计基础。傣泰民族也因水稻种植得以较快地生息繁衍。由于水稻种植是傣泰民族共同的经济部门，因而形成了很多相关文化，成为傣泰民族共同的文化特征，如水稻种植相关的农业祭祀、节庆、生活习俗、稻米食物制作等。不论居住在何处的傣泰民族人民，水稻种植都是其基本的生计基础。①

尽管不同地区的傣泰民族族群已经形成了不同的支系文化，但是以上这些共同特征都是存在的。傣泰民族文化圈的形成是一个长期的历史发展的结果，因此在这个区域也被傣泰民族人民认为是一个共同的家园，尽管在这个区域之中还有很多其他民族族群的人们共同居住，但是傣泰民族在其中毕竟是一个分布广泛、有共同历史渊源关系的民族。在现代国家形成之前，这个区域之内人们是可以自由来往的，同时相互之间也存在频繁的政治、社会、宗教和经济交往，从而也形成了一种共同的家园意识。在很多地区，历史上的傣泰民族人还是当地的统治民族，尤其是在一些傣泰民族集中居住的地方，包括中国的西双版纳、德宏以及泰国北部、缅甸的景栋、印度的阿萨姆邦等地，当地的统治者都是傣泰族人。这种家园意识使人们有共同的归属感，甚至会认为这个区域对于傣泰民族来说比国家更重要。这一点从笔者过去不论是中国还是泰国、老挝、缅甸傣泰民族族群的调研中都可以反映出来。这样的大背景有利于保持和增进人们的民族认同，尤其是这个大的区域内的傣泰民族共同的文化认同。同时有了这种大的民族认同意识，对一些傣泰民族支系，尤其是一些人数较少的支系来说也都非常有利于维护他们的民族认同，包括对自己支系的认同和整个傣泰民族和家园的认同。2009年笔者在难府的一个傣泐人村子中调研时，和村子中的老人们座谈过程中证实了这个观念。老人们说，他们这个村子地处比较偏远，过去由于交通不便和外界的接触很少，周围虽然有一些村寨，但都是其他族群的。但是过去到今天他们都在努力保持着自己的民族文化和民族认同，尤其

---

① 郑晓云：《傣泰民族起源与傣泰民族文化圈的形成新探》，《云南社会科学》2005年第3期。

是认同自己是傣泐人，他们通过各种民族文化因子的保护和传承，包括婚姻家庭、人生礼仪、节日、崇拜等，显示着自己和周围其他族群人们的文化差异，同时也告诉子女们自己的民族属性，这种民族属性之下的各种文化现象的特殊性。尤其重要的一点是在人们的认知中，自己是属于一个大的族群中的一部分，虽然自己所处的地方偏远，人数也不多，但是在外面自己的同胞有庞大的居住区域，有大量的同族群的人们存在，只要有需要人们可以离开本地到很多遥远的地方都能够找到自己的亲戚和同胞，找到新的可以生活的土地，获得同胞的帮助。这种认知增强了人们的自豪感和信心。老人们不断说，我们过去到今天总是不断地和年轻人讲，我们民族居住的地方很大，跨越了很多个国家，同时我们并不孤单，和我们相同的民族同胞有千千万万，因此我们要保持自己的自信心和自己的文化。我们的文化不是这个村子几百人的文化，是一个大民族的文化的一部分。因此，这个傣泐人的村子周围尽管也有一些其他泰人居住，但他们在宗教信仰和生活习俗方面保持着独立性，互相尊重、互相参与活动，但是不融合。这种现象事实上在泰国北部的傣泐人地区非常普遍，有的一个村子中同时有傣泐人和其他泰人居住，但是他们相互之间不参加对方的宗教祭祀活动，甚至不通婚。

共同的家园意识，对于居住在不同地区的傣泰民族民众维持他们共同的民族认同起到了积极的作用，使人们在民族意识上并不孤单，将自己的文化和认同看作一个大民族的一个部分，从而不丧失民族自信心。这种共同的家园意识强化了人们的民族意识，同时对今天傣泰民族的文化认同重构也产生着重要的作用。因此今天我们在理解傣泰民族的文化认同的过程时，必须重视这个重要的大背景。

三 泰国傣泐人的祖籍认同问题

傣泐人的文化认同之中存在着对祖先和祖籍地认同，这是一个基本的事实。对祖籍地认同主要是对到达泰国北部之前的居住地的地域认同及对祖籍地的神灵的认同，例如今天居住在难府的傣泐人对于他们的祖籍地中国云南省勐腊县及勐腊神的认同与祭祀，尤其是通过对祖籍地勐腊神的祭祀来维持人们对祖籍的认同。对于祖先的认同则是对带领他们到达新的居住地区的祖先的认同，人们通过祖先祭祀崇拜来表达和维持这种认同。然而近年来这种对祖籍地和祖先的认同有了新的变化，一方面是这种认同有了在现实中的印证，另一方面是这种认同在新的社会发展环境中被强化，被赋予更多的意义。这种新的变化的起因是自 20 世纪 80 年代以后随着中国社会的开放，越来越多的境外傣泐人到西双版纳探亲访友，寻根问祖，掀起了傣泐人对祖籍地文化的认同构建过程和文化复兴运动，使泰国傣泐人的文化认同进入一个新的重新构建的时期。

自 20 世纪 80 年代以后，中泰关系有了较大的发展，中国已进入改革的进程之中，西双版纳、德宏等傣泐人的祖籍地过去神秘的面纱也慢慢地被揭开。在 80 年代，首先来到西双版纳和德宏进行访问的主要还是学者，他们在到达西双版纳等地的傣泐人中进行访问之后，将西双版纳傣族的状况通过研究报告和一般的媒体介绍介绍给了泰国人，引起了泰国社会尤其是泰国北部社会对西双版纳傣族的关注。这其中长期研究西双版纳傣族社会的泰国西北大学的学者娜达蓬·素塔昆教授、鲁扎逢教授、兴·沙拉蓬教授以及泰国清迈大学的鲁扎亚教授等都是在中国改革开放以后就到云南傣族地区进行考察研究的泰国有代表性的学者。西北大学的代表团于 1986 年到达西双版纳考察，是较早的泰国学术代表团对西双版纳地区的访问研究。泰国学者到西双版纳、德宏等地区进行考察研究，撰写了研究报告，出版了相关的书籍。尤其是泰国清迈西北大学娜达蓬·素塔昆教授自80年代至2000年前后一直没有中断西双版纳的研究。随着学者的介绍，很多泰国人纷纷前往西双版纳旅游，中国傣族状况在泰国受到了越来越多的关注。与此同时中国的学者也开始关注在泰国北部的傣泐人的状况，较早到泰国北部傣泐人居住地区进行访问考察的是云南省社会科学院和云南民族大学的代表团。1986年笔者跟随云南省社会科学院的代表团到泰国西北大学进行了一个多月的访问考察活动，在这个过程中访问了很多泰国北部的傣泐人村子，了解到了这个同根同源的民族在泰国北部的状况。

距离泰国清迈30多公里有一个150多年前从西双版纳景洪市大勐龙地区迁徙到这里的傣泐人村子受到了中国学者的重视，西双版纳的末代土司刀世勋先生曾经率领代表团到这个村子访问过，由于他特殊的身份受到了村民的热烈欢迎。在随后从云南前往清迈访问的学者和官员都会到这个村子访问，带动了这个村子的村民对祖籍地向往的热情。这个村子在历史上迁移到这里定居下来了之后，和他们的祖籍地云南省西双版纳大勐龙地区一直没有断绝联系，也不断地有他们的亲戚朋友从西双版纳迁移到这里居住，村子里的波岩勇老人就是在20世纪60年代才迁到这个村子居住的，他对中国边疆地区的政治运动有很深的记忆。由于包括刀世勋先生在内的很多中国专家都访问过这个村子，使这个村子更加闻名，也更增强了村民的祖籍地认同，因为刀世勋先生是傣泐人祖籍地的末代国王。1986年笔者第一次前往这个村子访问，进行了简单的调研，在随后的20多年间，笔者先后十多次前往这个村子进行调查研究，这个村子也成为笔者在泰国北部傣泐人研究的一个田野点，目睹了很多当地村民和西双版纳祖籍地亲友之间的来往。这个村子只是一个有代表性的典型，事实上在 80 年代末期，泰国的傣泐人回乡探亲访友、西双版纳的傣泐人前往泰国的傣泐人地区参加宗教活动、学习佛教、探亲访友、做生意等已经很频繁。这些交往不仅增强了西双版纳、临沧等地的傣族人和泰国北部的傣泐人之间的相互认识和了解，找到了亲戚朋友，同时也增强了双方之间的认同感，成为双方之间当代文化认同构建的一个被强化的因子和新的内容。对于泰国的傣泐人来说，对祖籍地和祖先的认同本来就是他们民族认同中的一个部分，在当代这种被强化的认同感却有着新的含义。

一方面，有机会了解自己的祖籍地，强化对祖籍的认同感，这是一个民族自然的一种反应。因此当人们有机会了解自己的祖籍地的时候，理所当然地会唤起人们的热情，甚至去寻找几代以前的亲戚朋友或者一二百年前祖先居住的地方。另一方面，今天这种对祖籍认同的强化还有另外的含义，尤其是和今天傣泐人的生存状况有直接关系。在今天中国是一个日益强大的国家，对于中国的强盛和发展，居住在泰国的傣泐人也是怀有欣慰感的，希望中国发展强大起来，因为中国毕竟是他们的祖籍地。人们希望强化这种祖籍地认同使它成为一种支撑傣泐人社会团结和凝聚力的要素，同时使民族文化在当今迅速全球化过程中的泰国社会环境中得到保持和传承。我们在调查研究中很多傣泐人都对我说，对中国的祖籍地认同，对作为祖先来自于中国的当地傣泐人来说，和中国的历史渊源关系可以增强傣泐人的自豪感，使人们更加重视自己民族的历史和文化，也有利于傣泐人在泰国社会中保持自己的文化独立性，不至于被融合而消失。与此同时，强化这种认同可以增强傣泐人的团结和凝聚力，因为大家都是同祖同宗，来自共同的地方。为了强调这种祖籍地认同，人们对祖籍地尤其是西双版纳的文化加快了了解介绍，除了更多的人员来往之外，今天人们还不断地出版介绍西双版纳的图书，甚至专门到西双版纳了解其风土人情和宗教活动、节日活动的传统，并把这些内容编写成乡土教材，在村子的小学中应用。这种做法在泰国清迈、帕腰等傣泐人集中居住地区已经很多。很多了解西双版纳历史和宗教的佛教人士也会在宗教节日活动中不断地向人们介绍西双版纳宗教情况，让人们不要忘记自己的祖先来自西双版纳，不要忘记自己的历史和文化传统。在我们访问的很多傣泐人村子的寺庙中，宗教人士都告诉我们他们经常会在法事活动中讲到这些情况。他们认为，傣泐人的文化传统和对祖籍地的认同有利于傣泐人在泰国社会中保持自己的文化独立性，这样做对一个民族的未来生存和发展是非常重要的。因此借助祖籍地的历史、现状和文化来强化当地傣泐人的文化认同，是非常有效的一种途径，并且已经产生了效果。这种情况在未来仍然会长期存在。下面我们通过一个村子来进行具体考察。

曼栋么村是帕腰府景罕（金城之意）地区的一个傣泐人村，现有500余人，是一个和泰老人混杂居住的村寨，其中300余人是傣泐人。

曼栋么村的人们主要以农业生产为主，种植水稻，同时也出产龙眼等热带水果。村中有不少人现在在曼谷、清迈等地工作，村子中有学校，孩子们都能到学校里上学。今天曼栋么村在一般的面貌上与其他泰北的村寨风貌已经没有很大的不同，尤其是和当地的泰老人在建筑风格上基本上已经相同，但是在这里仍然保持着很多传统风格的民居。曼栋么村傣泐人保留了一些与西双版纳傣族建筑风格比较接近的古老的房子，其中有一座较古老的房子，已经有60多年的历史，规模较大，全部用木头建成，住房的格局尤其是其顶部大多与西双版纳典型的住房相一致。由于时代的发展，村中的住房风格已经受到了泰国其他地区的影响，有钱人家纷纷建造现代风格的住房，因此村中现在也建起了很多现代式样的别墅式楼房，使用的是水泥等现代建筑材料，风格各异，色彩鲜艳，使这个村寨的建筑呈现出传统与现代风格的楼房杂居并处的风貌，这一切正是现代文化对传统文化的一种冲击与改变。泰国的傣泐村都有自己的佛教寺庙，在曼栋么村虽然与泰老人混杂居住在一起，但是在宗教活动上它们保持着自己的独立性。村中的居民都信仰佛教，但是泰老人和傣泐人并不共同使用同一个寺庙，而是各自建有自己的佛寺。

为了保持对自己祖宗以及傣泐文化的认同，使傣泐的传统不流失，村子中的傣泐人采取了一些具体的做法，主要有以下几个方面。

第一，由傣泐人中的一些知识分子编辑了有关的史书，这些史书记述了傣泐人当年是如何从云南省的西双版纳迁徙到现在的居住地，并且详细记述了某一个村子来自某一个地区，如某一个村子来自云南省的勐亚、勐缩、勐那、勐坡等地，书中还详细地记载了祖籍地西双版纳的风土人情，傣泐人的历史、风俗习惯、宗教信仰，等等，尤其是详细记载了傣泐宗教活动中的一系列重大活动，如赕曼哈邦活动，并且配有图片，让人们能够通过书籍了解自己的祖籍地西双版纳的各种情况。这些书不仅仅是在人群中流传，尤其是在学校中教师要安排专门的课程向学生教授，并且让学生阅读，目标是要让傣泐人的孩子们从小就要记住自己来自云南，要尊重自己的民族文化，同时人们从小就要记住自己祖籍地的地名以及社会宗教等情况。人们认为只有保护好了自己的民族文化，不忘记自己的祖宗，这样才能使村寨团结一致，保持社会传统的和谐，尤其是传统的凝聚力。使人们能够生活在一个互相信任、互相帮助的社会中，这样才能够在当地长期生存下去，而不至于被同化，也不至于因为传统的丧失和社会传统的崩溃，而使人和人之间的关系疏远，使人们互不帮助，而失去凝聚力。人们认为如果失去了村寨传统社会中和谐的具有较强凝聚力的生活传统，那么村寨也就不复存在，人们也将会成为一些漂流在各地的散沙，而不再有凝聚力和生存的安全感，村寨的崩溃对每一个人都是不利的，它将使人们失去传统的互相依赖。傣泐人从西双版纳来此地之所以能够生存下来，依靠的是对于祖籍地的记忆以及傣泐人自我文化的认同，以及文化的传承在傣泐人中起到了凝聚关系，鼓舞人们积极向上的作用。民族文化传统在一二百年来是人们生存的基础，因此保持这种传统，在人们看来是十分重要的。

第二，人们一直维持着与西双版纳相同的传统习俗，这主要表现在宗教活动上。人们一直保持着与西双版纳相同的各种宗教活动，尤其是在与泰老人杂居的村子里，人们也顽固地维持着自己的传统，而不与泰老人在文化上进行融合，尤其是在宗教祭祀方面。今天和泰老人在杂居一个村子里，人们也相互通婚，在一般的物质文化上没有太大的区别，但是在宗教信仰上人们顽固地维持着自己从西双版纳带来的传统，不愿意融合到其他的文化传统中。

第三，为了使青年一代保持传统，人们开办了传统纺织车间，要求每一个小孩子从小就要学习纺织，并且编写了教材，将傣泐人的传统图案进行了归纳与设计，使很多傣泐人标志性的图案被织在裙子等纺织品上，人们不论在哪里都可以通过纺织品的图案而识别傣泐人。小孩子从小学习纺织，保持自己的传统，同时村中也办了车间，现在有近20台织布机，有不少妇女在这里进行纺织品的生产，生产之后统一在村子以及清迈等地进行销售。纺织的产品有桌布、妇女的裙子、衣服、条巾以及包等，由于全部是用棉线，手工制作，色彩绚丽，图案美观，富有浓郁的民族特色，这些产品一直都十分畅销。

第四，刻意地保存一些有代表性的物质文化，例如村中一座六十多年前建造的傣泐人风格的木房，目前将被人们长期保护下去，人们进行一定的修整，并且将过去使用过的一些农具及生活用具集中在这里。主人家也计划要将这座房子长期保存下去，现在这座房子已经成为村子内公认的代表西双版纳传统的民居。目前有一位近80岁的老太太居住在这里，老太太在房子里保持了与西双版纳相同的居住模式，同时也珍藏着自己年轻时候甚至是出嫁时候的床单、门巾以及衣物等，并愿意把这些保留下去。村子中还希望这将来能成为一个展示傣泐文化的中心，能够吸引旅游者来这里参观，现在已逐渐有外地人前来参观这所老房子，人们希望旅游业的发展，能够给这些古老的文化带来新的价值。这里的人们十分注重对传统文化的保护，但是在清迈周边的傣泐人村寨，情形就大不一样了，人们已经基本上失去了自己本支系传统的文化。

今天的祖籍地认同被强化的另外一个特殊情况，是那些居住在靠近边境、生存状况不好的傣泐人社区中，尤其是那些还是难民身份的傣泐人中，中国的强大使他们有了希望。在调研中很多人都表示他们希望能够有机会返回中国居住。在观念上因为有了中国的强大，增强了他们的自豪感，使他们能够在泰国社会中有了更多的希望，也有了自己的民族自豪感。他们对祖籍地的了解，对祖籍的文化的恢复和认同的强化，都成为他们增强凝聚力和团结的一种动力。因此在很多傣泐人难民社区中，人们在不断地恢复傣泐人的文化传统，包括傣泐人的宗教仪式、节日活动，教育年轻人了解傣泐人的历史等，这一点是前所未有的。在20世纪80年代末笔者到傣泐人的难民社区中进行调研的时候，还没有感受到当地的傣泐人对于自己祖籍地文化等了解和恢复的热情，而在今天的人们来到傣泐人社区中，这种对比是鲜明的。

清盛的阪桑盛村（BAN SANSAI KONGUHAM）是一个难民村地位的傣泐人村子。这个村子目前社会状况正在改善，人民的生活也逐渐稳定下来，正处于融入泰国社会的过程中，但是这个过程还需要几代人的努力才能完成。根据规定，必须要经过两代以后人们才能够完全取得泰国的公民身份，融入泰国的社会和文化环境，但是有这样的机会已实属难得。人们今天非常重视自己的传统文化，认为只有自己的传统文化才能使自己在泰国社会中拥有一定的社会地位，很多老人都认为自己的傣泐人文化才是自己在泰国社会中受到重视的重要因素，因此要很好地保护。同时傣泐人的文化也是人们团结的基础，有了傣泐人的文化人们就不会忘记自己是一个傣泐人、不会忘记自己的祖籍地，也就会因此更加团结，有利于人们在泰国社会中的生存和发展。而人们认为，祖籍地认同是维持人们的共同身份、团结及文化的最重要的要素，有了祖籍地的认同人们才有自己对民族文化的自信心。因此近年来这个村子傣泐人的文化认同和祖籍地认同都得到了增强，保持着对西双版纳的憧憬和向往。大家都表示有机会一定要回到西双版纳探亲访友、祭祀祖籍地的寺庙和神。人们保持着傣泐人的文化认同，一方面是由于人们搬迁到这里的时间不长，有着对自己祖籍地的思念和向往，因此保持着祖籍地认同；另一方面保持对自己民族文化的认同有利于增强人们的团结，使自己的文化在泰国社会中独树一帜。因此和当地其他已经有较久远历史的傣泐人村子相比，这个村子的人们更多地拥有和西双版纳相同的文化传统，以及基于西双版纳文化之上的文化认同和祖籍地的认同。这个村子近年来恢复了很多传统节日，在节日期间也吸引来了其他村寨的人们参加，增加了和其他村寨不同族群泰人的友谊，同时也展现了傣泐人的文化，使自己不被忽视。在这个村子有些特别的习俗，例如和西双版纳一样，这个村子有一个重要的佛教活动"赕坦"，而这一传统习俗在当地的其他泰人村子中是没有的。这个村子中由于和当地其他村寨通婚、搬迁等原因，也有一些其他族群的人居住的村子里，但是他们都遵从这个村子的传统习俗。近年来这个村子也和泰国北部其他傣泐人的村子开始了联系，例如和帕腰府的傣泐人村子就常来常往，当人们举办重大的节庆活动和宗教活动的时候，村子里的长者和领导都会前往参加。同样本村举办重大的节庆活动的时候也会邀请其他地区的傣泐人前来参加，强化了傣泐人共同的民族认同。

综上所述，在当代的泰国傣泐人文化认同的重构过程中，祖籍地文化认同已经成为一个新的要素。这一方面是因为傣泐人的文化传统中对于祖先的崇拜和祭祀本身就是一种重要的因子，同时也是人们维持民族凝聚力和民族团结的重要因素，是保持和传承民族文化的重要途径。另一方面，在当代这种祖籍地认同具有了新的含义。作为祖籍地的中国的强大也增强了泰国傣泐人一定的族群自豪感，对于强化傣泐人的民族认同有一定的积极作用。因此，借助对祖籍的认同来强化当地人的认同成为一种重要的途径。而对一些社会生存状况特殊的傣泐人来说，对祖籍地的认同感的增强，更有利于增强他们的凝聚力和自信心，保持自己的文化独立性。

四　新的傣泐人社会网络的扩大及其影响

20世纪60年代之前，泰国北部的傣泐人互相间的交往是不多的，这一方面是由于交通不便利，另一方面也是由于泰国北部连接着一些不安定的地区，尤其是边境地区。随着周边环境的逐渐稳定以及泰国北部经济的发展、交通的便利化，同时由于近年来傣泐人社会的寻根问祖、加强民族之间交往的愿望的提升、泰国傣泐人协会的积极促进等原因,近年来不同地区的傣泐人之间的交往变得越来越活跃,而这种交往往往就是以加强傣泐人之间的联系为目的。这种社会交往关系主要表现在几个方面:一是泰国不同地区傣泐人之间的交往网络在扩大。泰国傣泐人协会是一个在当地有较大影响的组织,它在成立之后不断组织各种文化联谊活动、生产活动,推动傣泐人之间的联系。傣泐人协会每两至三年就要举行傣泐人大会,邀请不同地区的傣泐人参加集会,甚至还邀请西双版纳、德宏等地方的傣泐人参加,增进不同地区傣泐人的了解,这样也提升了傣泐人之间同根同祖的意识。西双版纳州歌舞团就曾经两次应邀前往泰国参加泰国傣泐人协会主办的年度大会活动。这些活动邀请了泰国不同地区傣泐人的代表参加,加上有中国来的代表团参加活动,更壮大了声势。与此同时,傣泐人协会还在各地傣泐人中设立手工业企业、举办傣泐人传统手工艺培训班、建设产品销售网络等,这些都加强了傣泐人之间的联系。泰国傣泐人协会在很多地区都设立了传统傣泐人纺织品加工点,指导生产,统一收购出售。这个项目的推广在泰国北部的傣泐人社会中更像是一种凝聚不同地区傣泐人社会的黏合剂,一方面开发生产了传统的手工艺品,另一方面对傣泐社会加强联系起到了积极的作用。同时近年来泰国北部不同地区的傣泐人之间有目的地相互走访都较为频繁,居住在帕腰的傣泐人专门组织人员到清迈等地的傣泐人社区进行走访,尤其是清盛的一些傣泐人难民村也到了其他地方的很多傣泐人村子进行走访联络,加强往来。每逢过年过节或者是重大的宗教活动,举办活动的傣泐人社区都有意识地邀请其他地区的傣泐人前来参加。由于泰国北部的傣泐人是在不同的时期和从不同的地区迁移去的,因此过去祖籍地在不同地区的傣泐人之间的交往是不多的,例如从西双版纳勐腊地区迁徙到泰国北部的傣泐人和从缅甸勐勇迁徙到南邦的傣勇人之间的族群交往是不多的，甚至很多人并不了解傣勇人也是傣泐人。傣勇人的祖先也是西双版纳，他们在历史上从西双版纳迁徙到缅甸的勐勇，然后再从勐勇迁徙到泰国北部。但是近几年随着交往的增多，相互之间都对其更早的历史有了了解，认同大家都是一个族群，使傣泐人的社会联系网络不断扩大。今天在泰国北部居住着大约30万傣勇人[①]，是一个很大的族群，当地傣泐人和傣勇人之间的族群认同的形成，将是影响深远的，因为这将使两个同根同源的人群在将来的文化、社会和政治生活中产生更多的融合，尤其是在泰国社会的政治生活中未来可能成为有影响的群体。当地的傣泐人精英人士也希望达到这样的目的。

二是和中国境内的傣泐人的交往也不断增多。近年来随着中国的对外开放和交通的便捷，尤其是昆曼公路开通，泰国的傣泐人到中国云南旅游、从事经贸活动、参加重要活动的人也越来越多。不少居住在泰国的傣泐人经常到西双版纳参加重大的宗教活动，例如大勐龙的传统宗教活动，很多有联系的人都会前来参加。曼飞龙白塔是在傣族社会中远近闻名的宗教圣地，每当举行大规模的白塔祭祀活动都会吸引泰国北部的傣泐人参加。2016年一些泰国傣泐人还出资在白塔旁的寺庙中建了一座佛像，他们亲自动手建造，并在2017年举行了盛大的开光仪式，有数十名泰国傣泐人参加了活动。这个活动在当地傣族人中产生了较大的影响，人们赞赏他们远在他国仍然没有忘记祖宗。其他的包括难府的傣泐人经常回到勐腊县进行寻根访祖活动，勐腊县有大的传统宗教活动他们也会主动参加。通过这些活动，一些人和亲戚联系上了，一些人虽然已经找不到亲戚但是他们有了新的朋友和联系，推动了

[①] http://www.thailandsworld.com/en/thai-people/north-thailand-people/tai-lue-people-thailand/index.cfm.

人们之间的互相交往。除了宗教活动之外，经贸往来是一个新的动向。近年来有很多泰国的傣泐人通过亲戚朋友的关系，把货物卖到了西双版纳、昆明等地，只要是西双版纳政府组织的经贸活动，都会有很多泰国的傣泐人前来参加。西双版纳州主办的澜沧江—湄公河六国艺术节和经贸交流大会，都能吸引泰国的傣泐人前来参加，笔者也多次遇到他们。另一个重要的现象是随着近年来缅甸政府的政策变化和社会的稳定，泰国的傣泐人前往缅甸景栋等地探亲访友、参加重要宗教和社会活动、经贸活动的人也在增加，使泰国傣泐人社会的对外联系更加扩大频繁，不仅包括中国，也包括了缅甸和老挝。笔者在越南调查的时候，也遇到了越南的傣泐人到泰国北部傣泐人社区旅游和探亲访友的情况，说明人们的族群网络联系在扩大。

总之，这种社会网络的扩大和交往的增多，除了以经济和宗教交往为目的之外，增强民族感情、增加一个民族内部的沟通也是重要的目的，这是一个重要的特征。这种现象反映了人们对傣泐人认同的增强，人们期望扩大傣泐人民族认同的基础。在帕腰府勐满村调研时，近年来积极推动傣泐人社会之间沟通的南通先生说，如果人们没有自己的身份认同意识的增强，那么也不会对同一民族有过那么高的交流的愿望。泰国北部，包括和中国云南傣泐人之间的社会交往的扩大，尤其是以族群交往为愿望的交往的扩大，对扩大傣泐人民族认同的基础、强化傣泐人的民族认同有重要意义，同时也有深远的影响。因为在同一民族认同的基础上，其他的很多交往包括宗教、社会、经济交往等都变得有合理的基础和交往的便捷性。这一切，一方面使傣泐人对外的网络关系更加扩大；另一方面也是一种外部力量强化了泰国的傣泐人社会的凝聚力。

五　重构中的文化认同

由于以上的这些变化，近年来泰国傣泐人的文化认同也在发生着很多新的变化，处于一种新的重构过程中。

首先，地方族群认同在扩大。在20世纪90年代之前，傣泐人总体上来说还没有更多的民族自觉意识，他们的民族文化认同主要是在当地社区的族群之中保持着傣泐人的文化和文化认同，与当地其他的族群保持着文化认同上的区别。他们保持着自己的语言、宗教信仰、生活习俗和节日，不融入其他当地的族群中。因此虽然在当地也有很多其他泰人族群，但是他们并没有融合在一起。因此在民族文化认同的构成中，主要要素还是本族群的村子、祖先、当地族群的认同意识。但是这个时候他们受到泰国国家文化和外来的西方文化的影响较大，国家文化和国家认同已经成为当地傣泐人文化认同的重要构成因素。人们保持着自己的傣泐人认同，保持着自己的族群文化，包括在社区中讲傣泐人的语言，很多长辈也懂得传统的傣泐人文字，但与此同时他们也能讲标准的曼谷话，少年儿童时期开始就在国家学校接受教育，学习标准的语言文字和国家的文化。因此就身份来说，他们不仅是一个傣泐人，同时也是一个泰国人。他们的文化实践也与这两个方面相切合，包括对相关的文化活动如宗教、节日、社会习俗、行为规范等方面的参与和秉持。进入2000年以后，泰国北部的傣泐人之间的联系不断增多，在泰国傣泐人协会的推动下，傣泐人的文化在当地不断得到复兴。这样人们在关注这个族群的整体历史发展，不同地区的傣泐人通过文化活动和经贸活动，尤其是有目的的联络，很多过去地处不同地方不相往来的傣泐人都开始有了联系，了解到共同的历史渊源关系。2013年笔者在帕腰府调研时了解到，当地的傣泐人已经专门到了清迈的傣泐人村子进行访问，而在当年傣历新年举办当地傣泐人文化节的时候，清迈的傣泐人来了几十个人参加活动。与此同时，他们也了解到了在靠近老挝边界有一些傣泐人的村子，由于他们是近几十年才从中国云南边境地区和老挝等地迁徙到这里定居的，很多人还没有身份证，经济上也较为困难，因此他们也主动地和他们发生了联系，在经济上和社会适应上帮助他们，同时也决定要邀请他们到这里来走访，加强联系。另一个典型的例子是，在南邦等府有十几万泰勇人，他们事实上就是来自缅甸和泰国的傣泐人，他们的祖先在历史上是从中国云南西双版纳迁到缅甸和泰国的，随后再迁徙到泰国北部，但是他们和直接从西双版纳迁徙到泰国北部的傣泐人在迁徙的路线上有些差别，因此在过去他们相互之间并没有非常明确的傣泐人认同意识，也就是认同在历史上属于同一个族群。他们有共同的渊源关系，但是一般被认为是两个族群：傣泐人和泰勇人。但是近年来随着学术研究的发展，他们的历史脉络更多被呈现出来，同时当地的傣泐人在文化复兴的过程中也主动和他们发生联络，共同主办文化活动，加强相互之间的文化沟通和融合。今天他们的精英们越来越明确他们共同属于同一个族群，事实上他们的语言文字和文化习俗在今天基本上仍然是相同的，同时和西双版纳的语言文字也相同。我们在泰勇人村子中调研的时候，使用西双版纳傣语能够便捷地和他们沟通。一些专家学者也出版了关于泰勇人从西双版纳迁徙到老挝、缅甸，然后到泰国北部的历史的书籍，甚至编写成乡村教材让小学生学习。这一切都促进了泰国北部不同地方傣泐人之间的联系，扩大了当地傣泐人的族群认同意识。

其次，近年来当地傣泐人的祖籍地认同意识明显加强。和过去相比，傣泐人越来越明显地显示出对自己祖籍地的兴趣，并且对自己祖先的历史也更加关注。在过去的十多年中，我们走访了数十个傣泐人的村子，无论男女老少大多数人都有关于自己祖先来源的概念，都知道自己的祖籍地是西双版纳或者是老挝、缅甸等一些傣泐人集中居住地区，例如老挝的勐欣、缅甸的勐勇等地。今天人们也越来越有兴趣关注自己的这些祖籍地，尤其是中国的西双版纳。他们认为西双版纳是自己的祖先发源地，不能忘了自己的历史，对于祖籍地的历史和文化都应该了解，一些地方的人们对祖籍地的神灵加以崇拜。在我们调查的过程中，绝大多数人都希望有生之年能够到中国的傣族居住地方，尤其是西双版纳和德宏去看一看。很多少年儿童也从长辈那里了解到了自己的祖先来源，有自己和西双版纳的傣族人同源同宗的认知。很多村子里面的老一辈人们和在学校工作、村子里的村长等管理人员以及在外面工作过的有文化的人等，都非常积极地希望和中国的傣族社会加强沟通、建立联系。有一些到过西双版纳的人，都积极地搜集当地的社会文化资料，编写读物，甚至是乡土教材让当地的学生学习，让他们从小就知道西双版纳的社会文化情况。对于来自中国西双版纳的人，他们都有特别的亲切感。2008年笔者和来自西双版纳傣族村社的妻子共同前往清盛府傣泐人村子调研，所到之处都受到了当地人的热烈欢迎。在一些村子甚至整个村子敲锣打鼓，换上节日的盛装，跳起孔雀舞来欢迎我们，原因就是我们是来自家乡的同胞。2009年笔者第一次携带妻子前往清迈郊区勐龙村调研，由于这个村子在历史上是由西双版纳景洪市大勐龙地区迁徙到这里来的，而我的妻子也来自于勐龙。听到了这个消息，很多村民也在村长的带领下敲锣打鼓欢迎我们，在学校的礼堂中我们被安排在正面的座椅中间就座，数以百计的小学生席地合掌向我们行叩头礼，校长向学生宣讲傣族的历史，让我们讲西双版纳今天的情况。随后村长亲自下厨做菜款待我们。这一切都使我们非常感动。

2017年一个重要的事件发生,更反映了泰国傣泐人社会和西双版纳的联系以及人们的认同意识。2017年10月1日,西双版纳最后一位土司、召片领刀世勋先生因病逝世,消息在泰国傣泐人社会中也产生了较大的反响。泰国北部很多府的傣泐人社区都举行了追思会和超度法会,布置了庄严肃穆的会场,在会场上悬挂着刀世勋先生年轻时候的大幅照片。超度会由当地的高僧主持,当地的人们身着传统的民族服装参加活动。在一些地方人们也为刀世勋先生主办了守夜活动,夜晚手持蜡烛跳起傣泐人的传统舞蹈。这些活动持续了多日,有大量的傣泐民众参加了活动。[①] 人们之所以崇敬刀世勋先生,原因正在于人们拥有祖籍地的认同意识,认同祖籍地西双版纳是自己祖先居住的地方,而当地的头人也是自己应该尊敬的头人,他们中间的很多人仍然认同刀世勋先生是他们的王。总之,今天随着文化传播、人们社会交往的增多,人们相互之间的了解越来越多,泰国北部傣泐人关于祖籍地的认同意识也不断增强,人们比过去更加认同自己和西双版纳傣族人社会的同宗同源关系。

最后,今天的傣泐人有越来越强的家园意识。近年来傣泐人不仅有了更多的地域性的联系,同时也和外界有了更多的联系,不仅包括中国的祖籍地西双版纳,同时也包括了和缅甸、老挝、越南等地的傣泐人的联系,很多知识精英和傣泐人的活动热心人士都经常性地前往各地傣泐人居住的地方进行访问联系、调查研究,他们出版研究报告、编辑相关的书籍读物,让当地的傣泐人对外界的傣泐人有更多的了解。事实上,今天这种联系已经越来越多,尤其是与来往较为便捷的老挝和缅甸等国家。近年来很多泰国的

---

① 《越来越多的泰国地区泐人举行哀悼召孟罕泐(刀世勋)》,http://www.sohu.com/a/197301371_161335。

傣泐人经常前往缅甸的掸邦参加各种宗教活动、探亲访友。因此今天傣泐人对于自己的族群的认识并不局限于当地，而是对于整个居住地都有一个了解，有了对同一个地域的傣泰族群及其文化的认同感。这一点不仅仅是当地教师、公务人员、受过教育人员和村子中的管理人员等精英阶层有这种认同感，还包括普通民众也都具有这种认同感。我们在调研时到过的泰国北部傣泐人的村子中，人们都能清晰地知道傣泐人不仅在泰国北部有，而且更多的居住在周边的一些国家，很多人也都知道一些集中居住的地方，包括中国的西双版纳、德宏，缅甸的掸邦及越南的奠边府等地方。这种现象虽然在过去就已经存在，但是近年来随着社会的交往和信息传播的增多而被强化了。人们对于傣泰民族所居住的这个大的区域，也就是我们所称的傣泰民族文化圈有较强的认同感，对于这个民族共同的家园的意识有明显的增强。

从上面的分析中我们可以看出，今天的泰国傣泐人的文化认同处在一种新的构建过程中，这种构建有宏观的大背景变化，也有自身内部的动力需求。这种重构的过程是使人们的文化认同从传统的历史、地方和族群文化认同的基础上转向一种更宽阔的认同空间中，表现为在当地对一个族群的更广的认同，同时超越地域的傣泐人族群及其文化的认同意识被强化，重构一种超越了泰国傣泐人的更广阔的族群及其文化认同。

第五章　泰国傣泐人与中国傣族的互动及影响

第一节　当代中国傣族的文化认同重构

由于泰国北部的傣泐人是在历史上从中国的西双版纳迁徙去的，因此泰国北部的傣泐人和中国西双版纳地区的傣泐人之间的社会文化以及文化认同都会产生相互的影响，尤其是在今天日愈开放的社会环境中。不仅今天中国的傣泐人的社会经济文化状况及文化认同状况会影响到泰国的傣泐人，同时泰国的傣泐人社会文化变化及文化认同状况也同样会影响到中国的傣泐人。但是在这个过程中，中国的傣泐人会受到泰国傣泐人什么样的影响，这与中国傣泐人当代的社会文化变迁和文化认同的重构进程有直接的关系。也就是说，中国傣泐人的社会经济文化状况以及在当代经历过的社会历史变迁过程直接影响到泰国的傣泐人，而中国的傣泐人也可能受到泰国傣泐人社会文化和文化认同状况的影响，这是一个重要的研究结论。因此我们有必要考察中国傣泐人在20世纪50年代新中国成立这一重大的发展变革转折时期至今的社会经济文化变迁过程以及傣泐人的文化认同的重构过程，只有了解了这个过程以及它在这个过程中的变迁特征，才能真正理解今天傣泐人文化认同的现状以及在和泰国傣泐人的互动中可能受到的影响，或者是相互影响。

一 20世纪50年代以前傣族的文化认同

这一个时期的傣族既有民族认同，但是没有较为精确的国家认同。在这个阶段傣族处于自然分布的状态，由于特殊的历史发展背景，傣族以及相关族群居住在中国以及东南亚的缅甸、老挝、泰国、越南、印度等国家。是一个广泛的居住区，也形成一个傣族文化地带，即跨越越南、老挝、中国、泰国、印度等多个国家的傣族文化的地带。在这个时期，傣族的居住地相对是固定的，但是仍然可以自由迁徙，国家对傣族地区的管理并不强大，傣族社会中仍然存在传统的管理体系，在不同的地区有不同的传统权力结构存在。在西双版纳除了民国政府的行政管理设施外，还存在西双版纳当地的地方政权，在东南亚其他国家的傣族社会中，传统社会中的封建政权发挥着较大的作用。因此在这以前的傣族人民中，人们更多的是对于自己的封建政权、民族文化的认同。人们认同自己的民族，既有和其他民族如居住区域内的哈尼族、瑶族、苗族、彝族等其他民族的区别，甚至在傣族内部还存在不同支系之间的认同和文化界限。人们在国家认同方面，更倾向于对自己所属的地方政权的认同。勐的认同表现在自己的居住地、基础的封建义务、权利设置以及象征一个地方的神灵。从而构成了傣族传统的认同结构。由于这种认同的存在，傣族人往往把自己相同的支系文化作为自己的文化和社会归属，傣族人在共同的居住地方形成一个共同的社会和文化体系，在这个体系内拥有区别于其他民族的社会关系、文化关系、经济关系。在社会关系方面表现在人们可以自由来往、由于战争或者人口调整的需要更换居住地方，因此在傣族的历史上曾经有过频繁的迁徙存在。当人们遇到困难的时候，可能会跨越数百公里去投靠与自己相同民族的人，在今天我们仍然可以了解到在泰国北部有很多历史上来自西双版纳由于发生战争、政治动乱等原因外迁徙到当地的人们，接纳他们的理由也仅仅在于他们同样是傣泐人。

在经济关系上，傣族人拥有共同的经济结构，形成共同的经济关系，例如封建义务、封建经济关系和相关人们之间的经济来往、贸易等。在文化方面，人们有共同的宗教信仰，因此人们有宗教上的密切关系，例如在一个地方进行大规模的如佛教祭祀活动或者传统的民族宗教祭祀活动时，或者是过年过节的时候，人们都可能互相来往，参加活动，有的甚至跨越几个国家。

二　20 世纪 50 年代以后文化认同的重构

20 世纪 50 年代以后中国傣族的文化认同的重构经历了两个重要的阶段。

第一个阶段是 20 世纪 50 年代到 80 年代初。随着新中国的成立，傣族被确立为一个国家法定的少数民族，傣族人民和其他各民族人民一样开始了构建中华人民共和国国家认同的历程。在这个时期，中国开始了傣族地区的民主改革，彻底改变了傣族地区传统的政治结构和经济结构。取消了傣族传统的地方封建政权管理体系，建立起了不同层次的地方政府，由地方政府全面实施行政管理。在经济关系上彻底改变了傣族的传统经济结构，随着全国性的不同阶段的经济改革的推进，傣族地区也同样进行了相同的经济改革，先后建立起了合作社、人民公社等经济组织和相应的经济关系。这个阶段人们在拥有自己的民族认同的基础上，开始构建国家认同。通过新政权的建立、政治和经济改革的推行、建立新的教育体系、不同阶段的政治运动和政治教育，新的文化设施的建设所推动的文化传播以及文化影响，傣族人民开始有了新中国的文化概念和国家认同意识，国家认同开始成为一个民族之中重要的政治界限。人们开始感受到虽然同是一个民族，但是居住国家的不同使人们的政治身份有了根本的区别，作为中国人和老挝人、缅甸人在政治上有明显的区别。但是总体上来说，人们并没有真正地感觉到作为一个中国人的意义在什么地方，应该说在这个时期对于大多数普通民众来说民族认同仍然强于国家认同。

在20世纪50年代，由于执行了较好的民族政策，傣族地区没有像内地农村一样实行土地改革，而是进行了民主改革，改变了民族地区的政治制度，而不划分阶级成分，这样的政策受到了傣族人民的欢迎，因此广大的傣族人民与边疆各少数民族一样，拥护新中国的成立。但是，在60年代以后，随着"左"的政策的影响，在边疆地区也进行了划分阶级成分的"民主补课"运动，加之"政治边防"等运动在傣族社会中也一样划出阶级成分、斗地主，挑起了民族之间的矛盾以及民族内部人们之间的仇视，同时践踏了党的民族和宗教政策，傣族人民的宗教信仰不再得以延续，傣族人民的传统文化受到无情的摧残。在这种政治高压以及社会、经济环境的不安定状态下，大批的傣族人民选择了离开中国向其他地区迁移。从德宏到临沧、西双版纳都有大批的傣族群众迁往国外，有的是整个村子迁到缅甸、老挝、泰国，在泰国北部今天仍有一些从西双版纳迁去的傣族村寨存在，他们的身份仍然是难民，还没有获得泰国政府所给予的公民身份。西双版纳外迁的傣族大多迁到了老挝，后来又因为老挝内战而再次迁到泰国甚至美国、法国。在"左"的政治环境中，迫使部分傣族人离开祖国、离开中国的民族大家庭，很难讲他们对中国的国家与中华民族有认同感，而是选择了迁移到一个他们自己有亲戚关系的泰人社会中去。一直到1982年笔者第一次到西双版纳进行调查研究，仍然了解到当地傣族人民认为边境以外的傣族社会是他们自己的理想社会，在那里宗教是自由的，文化获得了保护，人们可以按照傣族传统的生活方式生活，而在中国境内，不仅经济落后，而且文化受到压制，民族宗教政策得不到体现。总体上来说很多人心是向外的，仅仅是因为边防的封锁使更多的人无法跨越边境迁往其他的国家。人们对于国家的认同感，仍然不是非常的强烈，尤其是在一些能够有一定机会到国外去的边境村寨地区，一些有一定文化的傣族青年和干部中间，他们通过一定的渠道，了解到外面的社会，从而萌发对外界社会的向往，尤其是像泰国这样的国家，经济较为发达，更是当地不少傣族人心目中的好地方。而在六七十年代长达20年的"左"的政治影响下，对于很多上年纪的人来说是一个"回想起来都会做噩梦"的时期，因此边疆社会潜藏着较大的人心不稳定的因素。西双版纳州景洪市大勐龙镇曼飞龙村一位老人回忆起当年的情形说："当年的日子可真苦，不仅吃不饱，还整天提心吊胆，担心被斗被打，那个时期，谁都不想在中国了，如果不是家中有老有少，边境管得严，我们早就搬到外国去了。"这一时期由于政治的不稳定，人心思安，人们事实上也就淡漠了中国的国家意识，仅仅是希望能够找到一个安定的地方过日子。

客观而言在这个时期，人们的国家认同没有根本建立起来，甚至在政治的高压下和政治运动的冲击下人们人心向外，在人们心目中，国外的傣族拥有信仰宗教的自由、经济生活的自由和社会交往的自由，土地广阔，是理想的居住地方，尤其是泰国由于经济发展较快，人民生活富裕，宗教信仰自由，社会稳定，是人们心目中的天堂，也是人们向往的地方。在20世纪90年代初期笔者在傣族地区做调查时，很多傣族人还对笔者说起，如果不是管理严格，更多的傣族人包括他们自己早已逃往国外。

第二个阶段是20世纪80年代以后。这一时期是人们重新构建民族文化认同和国家认同的新阶段。在20世纪80年代以后，宗教信仰自由的政策得到了落实，人们开始恢复已经中断了近20年的宗教信仰，重新修缮和建盖寺庙等宗教场所，少年儿童重新走进寺庙当和尚，一时间寺庙中和尚拥挤。在勐海县的一些宗教恢复较为迅速的地区，很多学校中男生都去当和尚，使学校成为了女子学校，甚至一些已经结了婚的男性青年还离婚到寺庙中去当和尚，按照传统完成自己一生中一个重要的阶段。人们开始重新恢复传统节日、传统习俗以及很多物质文化，开始重新重视民族文化的恢复，同时也使人们的民族文化认同得到重新构建。在经济上实行以包产到户为核心的农村生产责任制，使傣族地区经济得到迅速发展，人民的生活变得富裕。最重要的是在政治上结束了政治运动的压制，宗教信仰重新获得了自由，人民生活变得富裕，使傣族人民有了安居乐业、精神自由的真切感受，尤其是中国经济发展水平和人民生活水平的提高明显地高于周边的老挝、缅甸等国家，形成了一种鲜明的对比，甚至形成了中国傣族的优越感。在20世纪80年代以前，很多当地的傣族人都因为自己有很多亲戚居住老挝、缅甸、越南等国家而感到自豪，但是今天的傣族人的观念已经发生了很多的变化，他们会明显地感受到境外生活和中国傣族的反差，甚至在笔者调查的时候一些人流露出看不起境外的傣族人的生活。一些村民说："文革"中我们都想跑到国外，只是不敢说，今天日子好了，就是赶我们走我们也不走。一些到过境外的人说，国外傣族的日子比我们过得差多了，现在我们到外国都感觉很光荣，对我们中国人他们都不敢小看，还是做中国人好。一些过去搬到外面的人也都希望搬回来，但是由于土地紧张而不可能。近年来，由于国内社会安定、经济发达，使人民能够安居乐业，这样傣族人民的国家意识也有了明显的增强，他们对中国有更坚定的认同感。对于广大的边境跨境而居的少数民族人民来讲，由于历史的原因，他们首先认同的是民族，民族认同感是第一位，不论境内还是境外，他们首先认同自己是属于哪一个民族，然后才是属于哪一个国家，这在跨境民族中是一个非常的特殊现实。1996年我们曾在景洪市的大勐龙做过一个调查，随机选择了50位20岁以上的傣族农民请他们回答问题。一个问题是如果把中国的傣族和境外的傣族划分成两个民族，让你们不承认与他们是一个民族，这可不可能、愿不愿意，100%的被调查者都表示不可能也不愿意，因为傣族自古就是一个民族，无论居住哪里，都是一个民族，而不可能变成两个民族。从这一问题中，我们可以看出傣族人有较强的民族认同感，这种认同意识已经超越了国界。第二个问题是愿意做中国人还是做外国人，当时有70%的人表示愿意做中国人；20%的人表示说不清，在哪里好住，就住在哪里；有10%的人表示居住在国外比较好。当问到他们为什么愿意做中国人时，他们都认为中国社会安定，日子好过，发展比境外快；而仍然有一些人，他们对中国的边疆能否长期稳定，民族政策能否得到长期执行怀有疑虑。到2002年笔者再次就相同的问题进行调查时，回答表示愿意做中国人、做中国人光荣的人，已经上升到了97%，只有很少的人表示还是希望到泰国等较发达的国家中去生活，这种变化是巨大而有深远意义的。

　　在看待泰国的观念上也发生了较大的变化，在过去泰国是人们心目中宗教信仰自由、社会稳定、生活富裕的国度，也是傣族人民心目中天堂一般的地方，今天由于中国的发展，笔者通过大量的观察和调研表明，很多傣族人认为中国的状况和泰国已经差不多，人们愿意到泰国去走亲戚、看风景，了解当地人的宗教信仰状况，参加当地人的宗教祭祀活动和节日，并没有愿望要迁移到泰国。很多当地的傣族近年来参加旅行团到泰国旅游，有很多青年人到泰国工作，了解了泰国，在大多数人的心目中，泰国只是一个有大量傣族人居住的国度。在人们的国家认同和情感上，与过去已经发生了根本的变化。

中国今天的发展,使人们对作为一个中国人的自豪感得到增强,对于作为中国人的认同感也同样得到了增强。国家的发展和繁荣、社会的稳定、文化的尊重、宗教信仰的自由已成为傣族人民国家认同重构和增强的坚实基础。在今年的傣族社会中,具有明显的民族认同,人们重视并享受自己的民族文化,近年来大量的民族传统文化得到恢复和保留,尤其是很多傣族知识分子以及其他民族的知识分子对傣族的文化展开了大量的抢救、传承和研究工作,召开了很多关于傣族文化研究的国内和国际会议。对傣族经典文献进行整理和出版,在西双版纳出版了傣族贝叶经 100 卷,学者们出版了大量的关于傣族文化研究的成果。文化受到重视,使傣族人民对于自己民族文化的自豪感得到增强,民族文化认同同样得到增强。与此同时由于经济的发展和繁荣、政治的开明、宗教信仰自由,人们对国家的自豪感和认同感得到了前所未有的增强。这成为中国当代傣族文化认同的重要特征。

回顾中国傣族民族认同与国家认同的发展历程,我们可以看到跨境民族是一个特殊的民族族体,居住在中国的傣族人民是中国民族大家庭中的一个组成部分,而在境外相同的民族则不是中国大家庭中的一个组成部分,他们没有中国的国籍,但他们和中国相同的跨境民族有着民族渊源关系,因此他们有一致的民族认同感,对于国家的认同就取决于一些条件,这些条件对这些民族来说,更重要的是有利于他们的生存和发展。国家的稳定、经济的发展、人们生活的改善以及各民族人民的团结、民族文化得到尊重,是一个民族对于国家产生认同感和归属意识最根本的条件,这在新中国成立以来的社会变迁中已经得到了验证。在 20 世纪六七十年代,由于政治不稳定导致了边民向外迁移,从而丧失了对国家的归属意识与认同感,而在 80 年代以后,由于国内政治、社会、经济环境的改变,使边境地区各族人民再次树立起了做一个中国人的自豪感与认同感。90年代中,笔者曾经到距离中国边境西双版纳12公里的老挝勐欣进行调查,那里现在仍然居住着一些在60年代以后搬迁到当地、与西双版纳有较多亲戚关系的傣族人。从生活上来说,境内境外目前已经有了较大的反差,境内傣族居民的生活明显高于境外,而国家的强盛,使中国的傣族人民有了较强的自豪感,境外的居民对于中国的经济发展以及当地人们生活的改变都充满羡慕,近年来他们经常到中国去走亲访友,参加宗教活动、做生意,他们亲身感受到了中国的发展变化,甚至对于有亲戚在中国都感觉到非常自豪。

从以上分析来看,民族认同以及国家认同问题都是一个在现实的发展中需要认真加以对待,并且要认真处理的重要问题。傣族人民长期生活在中华民族的大家庭中,对中国国家的认同以及对中华民族的认同已经根深蒂固,但是历史的经验也给了我们一个重要启示:那就是国家的稳定、各民族的利益获得同等关切、各民族文化真正获得尊重以及民族文化发展的广阔空间是国家认同意识的坚实基础。如果丧失了这种基础,包括傣族在内的跨境民族并不一定能达成国家认同。

第二节 境内外傣泐人的交往互动

近年来,随着中国对外开放的推进,云南和周边国家的合作关系不断加深,边境地区边民的来往也变得越来越容易。在这种背景下,中国的傣族和境外的傣泐人之间的相互来往也越来越频繁,互动关系越来越密切。

一 社会生活方面的交往

由于境内外傣族之间有较多的历史渊源关系和亲戚关系,因此近年来中国和境外的傣泐人社会交往较多，尤其是在西双版纳、思茅、临沧、德宏等边疆地区，人们的交往更加频繁。不论是境外的亲戚朋友家中有红白喜事、当地过节、上新房等，人们都会互相邀请，因此境内外近年来人们以走亲访友为特征的社会交往较多，或者说在老挝、缅甸、泰国北部有重大的节日，云南的傣族人也会相约前往；同样在云南的傣族村寨有相应的活动，也会邀请境外的亲戚朋友前来参加。一个现象是在一些边境的傣族村寨，例如在景洪市、勐腊县的很多傣族村寨中，人们很积极地在境外寻找自己的亲戚，或者结识新的朋友，很多村民都以在境外有亲戚朋友感到自豪，逢年过节的时候，如果有一些从境外来的朋友和亲戚，也会感觉到很有面子。在勐腊县由于和老挝接壤，因此境内外的亲戚朋友都较多。在我们调查的时候，村民们都说现在境外的亲戚朋友之间的来往就如同在一个国家中一样，没有什么阻隔，甚至走过边境都不需要什么手续。近年来随着昆曼公路的通车，从西双版纳到老挝、泰国交通非常便捷，因此不少傣族村民都时兴驾车前往老挝、泰国旅游或探亲访友。在景洪市就可以办好前往老挝、泰国的旅游签证，然后驾驶汽车前往泰国旅游、参加宗教活动以及探亲访友，尤其是在每年 4 月的傣历新年期间，很多西双版纳的村民都相约驾车前往泰国旅游。

在境外的傣泐人近年来也积极回云南傣族地区寻根问祖，同样以有一些亲戚朋友在中国感觉到自豪。我们在泰国北部调研的时候，很多人都计划，尤其是地区和村社的干部都希望前往西双版纳旅游、探亲访友、寻根问祖，并且不断地组团前往西双版纳等地。很多村民都说，虽然说今天在祖籍地西双版纳的亲戚朋友都已经没有来往，不认识了，但是自己的根在西双版纳，都希望回去看一看，尤其是了解一些西双版纳的傣族文化。泰国清迈郊区的勐龙村是一个明确和西双版纳大勐龙地区有历史渊源关系的村子。这个村子最后一位从西双版纳前来定居的傣族村民是1977年才来到的。由于这种历史渊源关系,这个村子的村民一直希望和西双版纳祖籍地的村民建立来往关系,近年来也有了很多来往,尤其是在2006年西双版纳傣族村民组织一个代表团前来这里访问,受到了村民们的热烈欢迎,并且在村口立下了一块纪念碑。由于这个村子的历史渊源关系,1985年时任云南省政协副主席、西双版纳前地方末代土司刀世勋先生曾经前来访问,随后云南省有不少代表团到这个村子来访问,自1986年笔者第一次访问泰国至今也曾十余次前往这个村子做调查研究。2008年携妻子前往这个村子调研,由于她是西双版纳大勐龙傣泐人,因此受到了村民的热烈欢迎,村中的小学校甚至专为我们组织了歌舞表演,镇长和村长亲自为我们做当地傣泐人的菜招待我们,表达了浓厚的思乡之情,他们一再表示将不断组织前往西双版纳探亲访友、寻根问祖。

近年来境内外傣族之间通婚的也较多,很多年轻人都从境外娶进了女孩,使境内外的傣族有了更多的亲戚关系。

景洪市大勐龙镇的曼飞龙村是一个在境外有较多亲戚关系的村子,村民的亲戚不仅分布在泰国北部、老挝,同时在美国、澳大利亚、法国等国家也有。由于出境的便捷,和老挝的亲戚的往来自20世纪80年代就已经开始,近年来更加频繁,只要有活动双方都会互相来往。老挝的亲戚和泰国北部的亲戚朋友有密切的联系和交往,通过和老挝亲戚的交往,他们也认识了很多在泰国北部的亲戚,并且相互来往。这个村子过去有很多年轻人到内地去打工,最近几年来在泰国亲戚朋友的介绍下,也有很多青年到泰国北部打工。曼飞龙白塔是西双版纳标志性的宗教建筑,每年曼飞龙白塔举办宗教祭祀活动的时候,尤其是一些重要年份的祭祀活动,不仅有大量当地人参加,远在老挝、泰国、缅甸甚至是美国的亲戚朋友都会前来参加。

二 经济方面的交往

很多我国边民都到泰国去做生意,将中国的一些日用品卖到泰国;很多泰国北部的傣泐人村民由于有亲戚朋友在中国,也开始和中国做生意。有的是前来中国购买日用品到泰国出售,甚至到昆明等地购进中国特有的农产品和水果到泰国出售,包括大豆、苹果、石榴等,尤其是石榴很受泰国人的欢迎。而一些泰国商人也将泰国特有的农产品和水果卖到中国,例如山竹在中国市场上是高档水果,过年过节销量都很大。在边境地区,有很多中国的傣族人专门出售泰国的产品,包括各种食品和日用品,来自泰国的化妆品、妇女做裙子的布料、音像制品都很受当地傣族人欢迎,近年来甚至有人专门做泰国食用油的生意。家住在泰国湄赛的玉香,由于父母家的亲戚在西双版纳景洪市,她便做起了泰国和中国的水果和农产品贸易,每年都将大量泰国和中国特有的水果和农产品在两国间贸易,经过多年的努力,她所做的这种跨国贸易已经稳定下来,长期来往于昆明、景洪、泰国之间进行贸易。近年来西双版纳经常举办多国边境艺术节和经贸交易会,在这些交易会上都会邀请泰国北部的商人前来参加,包括民间小商人也可以自由报名参加,因此很多泰国北部的傣泐人都会前来参加经贸交易会等活动,一方面是旅游、探亲访友,另一方面是出售产品。我们在泰国北部调研时就遇到了一些曾经前往西双版纳参加商品交易会的傣泐村民,他们将泰国的棉纺织品、土特产品拿到交易会上出售,尤其是傣泐人传统的手工纺织品,包括有傣泐人传统的花色图案的布料服装,很受西双版纳傣族民众的欢迎。他们计划将来要扩大这种贸易活动。这些经济上的来往,和境内外傣族传统的民族关系网络都有直接的关系,传统的民族关系网络成为当前推动边境民间经济贸易的重要基础。

三 宗教交流方面的交往

由于历史上泰国和西双版纳在宗教上就有紧密的联系,因此宗教的交流是中国和境外傣泰民族之间交往中不可少的因素。由于在中国的"文化大革命"时期傣族地区宗教信仰受到了摧残,在泰国方面却没有类似的情况,宗教信仰在一种正常的状态中,因此在中国改革开放以后宗教信仰方面云南傣族社会和泰国傣泐人社会中的宗教信仰状况存在着不可避免的反差。在中国的傣族社会中不仅正常信仰的状态需要一个较长的恢复过程,宗教的典籍文献、僧侣人才都较为欠缺,因此中国傣族心目中佛教信仰的圣地仍然是泰国、缅甸,泰国的宗教信仰状况在傣族民众心目中自然是最理想的,这一点至今在傣族的农村中仍然可以非常明确地了解到。因此和泰国北部的宗教交流近年来也同样较为频繁,政府也较为重视。2000 年以来,云南省和西双版纳当地的宗教管理部门和宗教组织曾多次组织西双版纳的年轻僧侣到泰国学习,而在民间从泰国传进来的佛教经典和文献也较多。在民间的社会交往中,很多都是因为宗教的原因,例如很多西双版纳的傣族群众到泰国北部主要的目的是参加当地的宗教活动,在西双版纳的很多宗教活动和节庆活动中都会邀请泰国的亲戚朋友前来参加。西双版纳傣族自治州佛教界与泰国、老挝、缅甸、斯里兰卡、印度、尼泊尔佛教界的交流也日益加强。泰国、缅甸、斯里兰卡、尼泊尔的佛教高僧常被邀请到西双版纳进行佛教文化交流;西双版纳的佛教高僧也常到以上国家和美国进行佛教文化交流;新建的西双版纳南传佛教文化苑,就设有泰国、缅甸、老挝、斯里兰卡佛殿,斯里兰卡的僧王曾于 2006 年专程护送圣菩提树树苗到西双版纳,安奉在勐泐大佛寺的院子里。2008 年 6 月 18 日,斯里兰卡高僧专程护送一尊佛像到西双版纳大佛寺，安奉在斯里兰卡殿的佛座上。2012年12月西双版纳总佛寺举办重新修建佛堂开光大典，就邀请了泰国、缅甸、老挝、斯里兰卡等国的佛教高僧前来参加，盛况空前。2016年2月19日"帕松列和帕祜巴升座庆典法会"在西双版纳总佛寺隆重举行。12个国家的多位僧王、百余位高僧赶赴盛会，与各级领导、专家学者及西双版纳数万信众，共同见证了傣族历史史无前例的佛教盛事——六位大长老同时晋升。泰国玛哈朱拉隆功佛教大学校长以及多位泰国高级的佛教僧侣参加了活动。2016年9月24日，"2016崇圣论坛"在苍山脚下千年佛都大理崇圣寺隆重开幕。来自美国、英国、加拿大、法国、德国、斯里兰卡、日本、印度、印度尼西亚、泰国等23个国家的高僧大德、宗教官员、驻华使节出席了会议和相关的佛教活动。2017年4月9日，由云南省佛教协会和云南省宗教学会主办，德宏州佛教协会承办的第二届南传佛教高峰论坛在云南省德宏州芒市召开，包括泰国玛哈朱拉隆功佛教大学副校长在内的多位僧侣出席了会议和相关的活动。从这些活动我们可以看出，近年来云南省佛教界的对外交流活动，尤其是南传上座部佛教对外交流活动十分频繁，不同层次的宗教交流正常开展。这其中包括了和泰国宗教界的广泛的交流活动。这些活动的开展，在泰国不仅对宗教界有较广泛的影响，现在民间也有较广泛的影响。在泰国北部傣泐人社会中也广泛了解到这些活动开展的情况，并且有很多人在活动开展的时候自发地来到中国参加。又如在2016年西双版纳举办的帕松列和帕祜巴升座庆典法会，就有很多泰国北部的傣泐人前来参加，我们在活动期间就遇到了多位。他们对于中国举办这样的活动，尤其是中国目前佛教活动开展如此兴盛表示如由衷的敬佩，也对西双版纳的发展成就和佛教活动表现出来的太平景象表示十分羡慕。他们表示，回到泰国以后会好好地宣传中国的这些互动和发展成就，未来会组织更多的人前来中国参加或者参观访问。

第三节　社会经济文化互动的影响

　　中国傣族在和泰国傣泐人之间不断增多的互动过程中，对双方都产生了很多影响，这主要反映在以下几个方面。

　　第一，加强了一个民族互相的联系与了解。云南和东南亚的傣泰民族虽然在历史上同根同源，同属一个大的族群，但是在历史上由于长期的分隔，尤其是20世纪50年代以后由于中国政治环境的影响，中国的傣族和境外的傣泐人几乎没有什么来往，也不知道对方的情况。自20世纪80年代后随着中国的改革开放，中国傣族对泰国和生活在泰国的傣泐人的情况有所了解，并且有互相了解和来往的强烈愿望。尤其是在中国的改革开放初期，泰国经济发展已经成为亚洲四小龙之一，人民生活富裕，成为人们向往的国度。另外一个使中国傣族向往的重要原因是宗教，在中国境内由于长期的宗教压制，傣族人民在改革开放初期虽然有宗教信仰自由的强烈愿望，但宗教场所、宗教文献典籍在"文化大革命"中受到了破坏，宗教人才尤其是高级佛教僧侣非常缺少，因此泰国作为一个信仰佛教的和平稳定的国家，是中国傣族非常向往的。此外生活在老挝、泰国的傣泐人的状况如何，有多少人，生活在什么地方，尤其是过去的亲戚的状况，也都是中国傣族人民所关心的，这些问题都是改革开放初期所关心的一些主要问题。随着改革开放的推进，双方的相互来往不断增多，这些问题也有了答案，双方在这些节点上不但有了新的了解，而且中国的傣族对于生活在泰国的傣泐人的社会经济文化状况有了越来越多的了解，找到了很多亲戚，了解了泰国民众的社会生活状况和宗教信仰状况。因此今天对于中国的傣族来说对泰国的社会生活和宗教状况有一个比较真实的了解，这有助于中国傣族确立自己对境外客观的看法。对泰国的傣泐人来说，对中国今天傣族的社会经济文化状况有一个全面客观的看法，也是有一个变化的过程的。在中国的改革开放初期，由于当时边境地区安全环境、政治环境和社会环境都是不稳定的，加之中国"文化大革命"的影响，泰国傣泐人对中国傣族的社会生活状况负面的了解比较多，看法往往也是负面消极的。随着中国的改革开放和社会经济发展，今天中国傣族人的社会生活水平提高有目共睹，社会稳定，宗教信仰获得了自由，因此今天泰国的傣泐人对中国的傣族的看法也较过去有了根本性的改变，甚至羡慕中国傣族的发展和生活水平的提高，很多过去迁移到泰国北部的傣族人都希望返回中国生活。中国的傣族以及泰国的傣泐人相互之间对对方的社会经济文化状况有一个全面客观的认识，有助于未来进一步的相互交往，也有助于构建客观的国家认同。

第二，社会互动加强了双方各个层面的联系。在近年来中国的傣族和泰国的傣泐人之间的不断互动，使得在此基础上的社会经济文化和宗教来往都得到了加强，建立起来相应稳定的关系，包括双方民间的亲戚朋友之间的社会来往、经济往来和宗教交流等。在双方的互动中建立起来的联系已经是多方面的，联系面还在不断地扩大，尤其明显的是在这种民族渊源关系上的经济交往和社会交往不断扩大，在这个区域内已经逐渐形成了稳定的民间贸易渠道，尽管这种贸易规模目前还不大，但影响是深远的。因此近年来中国傣族和泰国傣泐人之间的互动一方面形成了多向的交往关系，另一方面推动了双方交往的不断扩大，更密切、更广泛的来往成为一种大的趋势。这种现象使中国的傣族社会和泰国的傣泐人社会之间的关系越来越密切，彻底改变了过去与世隔绝的状况，影响将会是深远的。这种发展趋势使一个有共同历史渊源关系的族群不论是内部的联系还是民族认同都得到了空前的增强，不仅使中国的傣族和泰国的傣泐人之间的关系变得密切，中国傣族和老挝、缅甸、越南的傣泐人和其他傣泰民族族群人们之间的关系也在近几十年来得到了加强，近年来中国的傣族与这些国家傣泰族群之间的交往也同样在扩大。

第三，对双方民族认同产生了深远的影响。近年来双方之间的互动对中国的傣族和泰国傣泐人的民族认同都产生了较大的影响。对泰国的傣泐人来说，近年来的文化复兴运动带有明确的政治色彩，甚至与选举有直接关系。泰国北部的傣泐人之间相互交往的增多和积极促进不同地区傣泐人之间的联系的活动，主要目的是在复兴、保护和传承傣泐人的传统文化和民族意识，形成傣泐人族群社会在泰国政治生活中的影响力，争取自己的权益，甚至一些政治活动家的活动是为了扩大选举的基础。傣泐人的知识分子和一些政治代表人物都认识到傣泐人社会的团结和傣泐人文化的复兴、傣泐人文化认同的强化对傣泐人在泰国社会中的生存是非常重要的。在和西双版纳的交往过程中，不仅有民族亲缘关系的感情色彩，同样也希望借助西双版纳的文化，甚至是中国的影响力去推动傣泐人文化的复兴和民族认同感的强化。因此不但要推动泰国傣泐人社会之间的紧密关系与文化的复兴、保护传承，同样也要和西双版纳傣族社会加强联系，使这种传统的历史关系在今天得到延续，形成各大的族群网络。因此在一些傣泐人社区中的知识分子到西双版纳学习傣族文化，使这些文化在泰国的傣泐人社区中再现，并编写成乡土教材在学校中教授给学生。

对中国的傣族来说，在这种互动中民族认同仍然是得到强化的。如同前面所述，近年来随着中国的经济社会发展，傣族人民的生活水平有了较大的提高，傣族人民安居乐业，作为一个中国人的国家认同得到了空前的增强，和国外傣泐人的交往中最近几年作为中国人的国民优越感明显增强，在我们的调查研究中很多被调查的人都会不掩饰地表达这种优越感。今天的中国傣族对泰国的物质生活已经没有更多的向往，因为生活水平差别已经不太大。但是对于泰国宗教信仰的自由和状态人们仍然是羡慕、向往的，人们认为在泰国有较好的佛教传统、有丰富的文献典籍，也有数量众多的僧人，宗教信仰的环境也相对较为宽松。因此在我们的调研过程中，西双版纳的傣族在这一点上大致看法相同，这一点对中国的傣族来说仍然是较有吸引力的。因此只要有条件，人们在泰国有宗教活动的时候都希望去参加。同时由于和泰国的傣泐人有民族渊源关系，也有较多的亲戚朋友，因此不论在民族感情和愿望上，人们都希望加强和泰国傣泐人社会的交往。

民族认同和国家认同在概念上不尽相同的。民族认同是一个民族长期的生存发展中基于民族的民族族源和历史渊源关系所形成的认同，是一个民族稳定的对本民族族体的认同。国家认同是在国家形成以后发展起来的国民对国家的认同，是一种国家中不同的族群对国家中形成的国家公民身份的认同，是需要不断构建的认同。一个民族居住在一个国家中，不一定具有对这个国家天然的认同，尤其是一些少数民族群体或者是外来移民，因此一个国家的认同需要不断进行构建，最终形成对国家和民族一致的认同[1]。由于这一原因，中国云南的傣族和泰国的傣泐人在近年来国家认同都得到了增强，同时民族认同也在增强。中国的社会稳定、经济发展尤其是国家的强大，增强了傣族人民作为中国人的民族自信心和自豪感，因此今天傣族人民的国家认同意识也得到了空前增长。但是与此同时，由于和境外傣泐人交流的增多，使人们

---

[1] 参阅郑晓云《当代边疆地区的民族认同与国家认同——从云南谈起》，载《郑晓云学术研究文集——2006—2011年》，中国社会科学出版社2012年版。

对境外傣泐人的状况，包括缅甸、老挝、泰国、越南等国家傣泐人状况的了解，使人们对傣泰民族这一个族群的意识不断增强，不仅具有对本民族和民族文化的认同，同时也有对境外傣泰民族族群的认同，对傣泰民族这一有共同的历史渊源关系、民族文化、生活家园大的跨国族群的认同。

作为居住在泰国的傣泐人，200余年的本土化生存和发展过程已经使大部分傣泐人本地化，具有泰国的国家认同，加之泰国社会稳定，在20世纪末的几十年间经济发展较快，人民生活水平不断提高，国家认同较为稳固。一部分在20世纪五六十年代以后迁移到泰国的傣泐人，他们的后代很多在今天都已经有了泰国的公民身份，也都具有对泰国的国家认同，但是这部分人之中上了年纪的人，他们仍然保持着对中国一定的国家认同。我们在泰国北部的一些50年代以后建立的傣泐人村子中了解到，一些上了年纪的人至今还没有泰国的身份证，他们今天了解到了中国的发展，都感觉到很自豪，认为自己仍然是中国人，希望有机会返回中国生活。尤其是近年来随着和西双版纳亲戚朋友交往的增多，他们有机会从亲戚朋友的来往中了解到中国的发展状况和傣族人民的生存状况，有的回到了云南探亲访友，或者做些小生意。这种来往的增多使人们更增强了对故乡的怀念之情，这一点我们在泰国的很多村子中调研时都能了解到。一些村民说，如果不是最近几年社会开放，大家有了来往，大家都还以为中国境内的傣族仍然生活在经济贫困、宗教信仰受到压制的景况中，他们对中国的亲戚朋友的情况更不知晓，可能在对故乡和亲人的思念中死去。但与此同时他们也认为泰国社会稳定，泰国政府对他们在社会福利、教育、医疗卫生等方面都较多关照，也热爱泰国，希望泰国政府尽快解决他们的公民身份问题。

除了国家认同以外，傣泐人族群认同在泰国社会中的增强则反映了另外的民族诉求。如上所述，在泰国傣泐人认同意识的增强除了最近几年泰国社会开放所导致的民族文化融合过程中人们的民族意识觉醒之外，为了在泰国社会中有生存的空间、争取更多的文化、社会、政治权利是增强民族认同意识重要原因。而对中国的祖籍地认同的增强，除了民族情感和历史渊源关系以外，中国的发展也是人们希望借助的一种势，因此近年来一些泰国的傣泐人，尤其是一些知识分子都积极地来到西双版纳寻根问祖、开展活动、向泰国介绍中国的情况。尽管在这种交往中泰国傣泐人受到中国文化的影响仍然是有限的，但是这已经是一种新的动向。

第六章 民族认同与和谐边疆的建设

第一节 当代云南边疆和周边发展势态

在当代的发展环境中，边疆地区的发展和周边发展问题紧密地交织在一起。

云南是一个和越南、老挝、缅甸三个国家接壤的边疆省份，同时和湄公河流域国家以及印度等南亚国家相邻近。在对外环境上和这些国家不仅接壤或者毗邻，同时也有地理环境上和民族历史渊源的紧密关联。云南是澜沧江—湄公河、红河、独龙江—伊洛瓦底江、怒江—萨尔温江四条国际河流的发源地或主源区，因为这些河流使这个区域的地理环境相关性变得密切，使人们可能有共同的生产方式和生活方式，大江大河也成为历史上民族迁徙和民族文化交流的走廊。居住在这些大河流域内的居民，很多都有民族渊源关系，在历史上很多民族都是沿着这些大江大河从北向南迁徙的，例如今天广泛分布在中国和东南亚一些国家的傣泰民族、彝族、苗族、瑶族等民族都是在历史上从中国向东南亚国家迁徙的。在历史上也有很多回族人民从云南迁徙到泰国清迈居住下来。因此这种地理环境的关联关系所带来的民族历史渊源关系，对今天这一区域的和平发展仍然产生着广泛的影响。在这个区域之内，各民族之间在历史上就形成了相互的社会经济文化关系，相互之间都互有影响，包括社会、经济、文化上的影响，但是也有一定的冲突存在，在今天不同的民族既有合作，同时也有为争取自己不同利益而进行的斗争。很多民族在居住国内也存在自己的身份认同重构问题和社会地位的确定问题。这些都使这个地区之内的社会关系复杂化。因此思考这个地区的和平发展和中国的周边和谐社会建设都离不开由于地理环境所形成的各民族之间的社会经济文化的历史渊源关系和现状，都需要思考到这个地区大的发展环境和人文历史环境，考虑到相互之间的影响。

云南是一个多民族的边疆省，在云南5000人以上的世居的民族有25个，其中有16个是跨境民族，较大的族群包括了傣族、佤族、苗族、瑶族、哈尼族、彝族等民族。这些民族除了在云南省分布，在东南亚其他毗邻国家也有广泛分布，尤其是傣族、苗族、瑶族、哈尼族等民族都在多个国家分布，其中一些中国的跨境民族在国外的人口多于国内的人口，包括傣族、佤族、怒族等民族。不同的跨境民族由于历史渊源关系不仅境内的各民族之间有千丝万缕的联系和相互影响，和国外有共同民族历史渊源关系的族群也同样会产生相互的影响。今天，分布在境内外不同的国家少数民族的发展状况也都会产生互相的影响，例如一些民族居住在多个国家，在不同国家的社会、经济和文化地位是有较大的差别的，有的国家经济相对发展水平高，人民生活水平也高，带来了和其他国家同一民族之间发展的反差。同一民族在有的国家有独立民族的身份，但在另外一个国家则不具有独立民族的身份，例如傣族和有共同民族渊源的泰人在中国、越南等国家是单一民族，但是在泰国就不是一个国家认可的和在中国地位相同的民族。跨境民族由于生活在不同的国家，不同的社会经济文化变化都会对另外一个国家有共同民族渊源关系的族群的民族认同、国家认同、政治认同甚至社会稳定产生相互影响，这都是有大量的现实例子可以证明的。因此跨境民族的现实在云南边疆民族地区的发展建设过程中是一个重要的因素,对当地的社会经济文化发展和边疆稳定都产生着深远的影响。

在中华人民共和国成立后,云南各民族人民总体上的生计是稳定的,但是由于极"左"的政治影响,尤其是"文化大革命"的影响,各民族人民在政治、经济和文化上都受到了不同的摧残,尤其是民族文化在这个过程中受到了前所未有的摧残,甚至导致部分人越过边境迁徙到其他国家,成为边疆少数民族在当代发展历史上的一段特殊经历,这种经历对于当代边疆少数民族的国家认同是有较大的影响的,尤其是负面影响。[①] 但是在20世纪70年代末中国开始改革开放以后,各民族人民的社会经济文化有了空前的发展,云南各民族人民安居乐业,尤其是在生活水平的提升上和周边一些国家的同源民族已经有了较大的差别,中国一侧的经济发展水平往往高于接壤国家,这种现象对于中国的边疆稳定有较大的益处。这也成为当代的边疆民族地区,尤其是跨境民族地区发展的有利因素。

近年来随着东南亚国家,尤其是中国周边邻近国家社会发展势态基本稳定,除了中缅边界缅甸一侧在近年来有一些武装冲突之外,类似20世纪五六十年代的中国邻近地区的战争冲突已经没有出现,大多数地区都已进入和平发展的时代,包括金三角地区都基本稳定。这些都有利于中国构建和平的边疆和和谐的周边。

近年来随着周边地区的稳定与和平发展,很多有利于共同推动和平发展的因素正在产生越来越大的影响。中国在这方面起到了积极的作用,做了很多具体的工作,产生了越来越大的影响力。在西双版纳,近年来每年都举办湄公河流域中国、老挝、缅甸、越

---

① 参阅郑晓云《当代边疆地区的民族认同与国家认同——从云南谈起》,载《郑晓云学术研究文集——2006—2011年》,中国社会科学出版社2012年版。

南、泰国、柬埔寨等六国艺术节和经贸交流活动，对推动这一区域的文化交流和经贸合作产生了积极的作用。在中越边界的河口县，中越边境交易会已经办了多年。在中缅边界，中缅边境大联欢活动和经贸交流活动已经举办了30多年。这些活动不仅促进了中外文化交流和经济合作，也促进了中外边境地区各民族人民的团结和友谊，推动了这一地区的社会和谐进程。作为傣泰民族主要居住区域的云南、老挝和泰国，目前连接这个区域的交通大动脉昆明到曼谷高速公路已经通车，给这个区域的社会经济文化交往奠定了重要的基础，使这些交往变得更快捷。东盟自由贸易区的建立，同样使这一个地区在经济、社会和文化的合作上有了机制上的保障，将会产生深远的影响。这些因素都将推动这一个大的国际区域之间和谐社会构建，也将推动跨境民族之间更广泛、更频繁的交往和合作。

第二节 文化认同与和谐边疆的建设问题

在云南构建和谐边疆、推进各民族繁荣发展的过程中，存在着云南自身民族众多、地处边疆、经济欠发达以及和周边国家社会形势关联性等诸多的复杂因素。但是总体而言，最近几十年来，云南周边国家的社会总体趋于稳定，经济稳定发展，区域性的和平与发展已经成为这个地区大的态势，这一切都有利于我们构建和谐边疆。

从发展的形势来说，中国的和谐边疆建设不仅基于中国自身的发展，是否有一个和平稳定、有发展前景的周边同样是非常重的。因此就周边来说，尤其与泰国接近的老挝及缅甸东北部地区，相对是比较和平的。今天的和平环境对建设和谐边疆是非常有利的，这也包括了傣泰民族等跨境民族在中外生活区域之内的和谐。作为人口众多的跨境民族，也作为这个区域内一个重要的民族族群，傣泰民族在不同国家的生存和发展状态都直接影响到这个区域傣泰民族的整体和谐，也影响到所在国的稳定与和谐，这一点在历史上已经得到了验证。在中国20世纪五六十年代"左"的政治影响和"文化大革命"过程中，中国社会的不稳定导致了中国傣族社会的不稳定，很多傣族民众外迁到老挝、泰国、缅甸①，至今很多人还是以难民身份居住在他国，同样也影响到了这个区域的傣泰民族族群，影响到了相关国家的社会稳定。同样地，居住在境外的傣泰民族的发展状况也同样会影响到中国傣族的社会稳定，进一步影响到中国的和谐边疆建设。在前面的研究中我们可以看到由于泰国经济整体发展高于中国，尤其是较早地快于中国，并且社会稳定，文化环境宽松，因此傣泐人社会发展水平相对较高。傣泐人的文化认同也是相对稳定的，在迁移到泰国之后的200年的本土化过程中已经使傣泐人有了较深的国家认同感。但是近年来为了传承发展傣泐人文化，争取到更多的文化、社会、政治权利，傣泐人推动了文化复兴运动，傣泐人社会内部的团结也得到了加强，联系更加紧密。与此同时傣泐人出于民族共同渊源关系而形成的民族感情，在积极开展西双版纳的寻根问祖、经济和社会文化交流，使双边的互动不断扩大，并且在当前和平和发展的环境中、在一系列有利的政策因素和交通设施建设支撑下，中国傣族和周边国家的泰人、泰国的傣泐人之间的合作和交往将会越来越密切，越来越扩大，这已成为一种发展趋势。

与此同时，周边国家的傣泰民族民众之间的交往也在不断扩大。不仅中国和周边国家的傣泰民族民众之间的交往在扩大，泰国、老挝、越南、缅甸甚至印度等国家之间傣泰民族民

---

① 郑晓云主编：《当代傣族简史》，云南人民出版社2012年版，第79页。

众之间的交往也日益频繁，包括宗教交往、社会活动和经济活动，例如缅甸掸邦傣泐人就经常在泰国举办各种文化活动，宣传当地的文化；泰国也经常举办各种文化活动、国际会议等，邀请周边国家傣泰民族民众，尤其是精英人士参加。近年来由于社会环境的稳定，各国之间经济交往也日益频繁，很多傣泰民族都依赖自己的亲戚朋友关系在不同国家之间开展贸易活动。这一切都使过去冷战时期不同国家之间由于封闭造成的社会经济文化交往的停止被改变，人们之间基于传统的民族渊源关系的交往在扩大，这个区域做一个傣泰民族文化圈的现实再次逐渐清晰起来。

因此在今天的和平发展环境中，一方面我们面临着共同发展的机遇。全球化发展以及区域的和平都为这个地区各民族人民的发展带来了前所未有的发展机遇，尤其是傣泰民族人民近年来经济都有了较大的发展，生活水平都有了较大的提高，社会空前开放，社会交往空前频繁。这种良好的发展环境带来的机遇还会有很大的空间，各民族人民都能够利用这种发展的机遇获得更多的利益。但另一方面，也因为复杂的族群关系、发展利益的诉求和不同国家社会经济发展状况的影响，使相互之间的影响更为复杂。傣泰民族人民不同的居住国家中政治、社会、经济、文化、宗教等发展环境都有较大的差别，例如民族政策、宗教政策在不同的国家中就有较大的差别，尤其是在中国、泰国、越南等国家中，不同的民族、宗教、文化政策对生活在不同国家中有共同民族渊源关系的同一个民族的影响是不同的，在当代的全球化背景之下的开放社会中，人们会有自己的政治、宗教、经济、文化等方面的诉求。这些状况有差异，但是有一点是共同的，那就是不论是生活在哪个国家的，有共同历史渊源关系的民族往往都会有共同的诉求，尤其是文化与宗教诉求，民族归属感也会得到加强，包括近年来在泰国兴起的傣泐人文化复兴运动，都是一种在现代发展背景之下民族意识复兴和政治诉求提升的现象，由于泰国特殊的经济社会文化背景，对周边的傣泐人社会产生了一定的影响。这一切都可以归结为一种民族主义复兴现象，尽管在不同的国家表现程度并不相同，但是在泰国、缅甸等国家已经表现得较为典型，而在傣泰民族共同居住的区域内，由共同的民族渊源关系、共同的居住地域、共同的文化所支撑的共同的民众意识的增强、认同的强化，以及由此带来的行动，则是一些国家如泰国、缅甸等则是一种区域民族主义现象。在当代社会中，民族主义的复兴具有普遍性，安东尼·D.史密斯指出："民族主义仍具有强大的威力，就是因为它是具体的，也就是说，深植于每个地区特定的社会背景和特点鲜明的文化遗产中。它从特定民族与特定共同体活的历史中提起意义和活力，努力与现代民族结合在一起。因此，我们不是在现代化和全球主义的力量中，而是在族裔共同体与族裔类型的历史与文化中寻找民族主义的力量与韧性。"[①] "民族主义的推动力在于动员人民，把大众的族裔共同体与一个地域政治共同体融合在一起。"[②] 这种情况在东南亚国家中也有典型意义，东南亚国家由于民族众多，各民族的诉求不同，更容易形成国内的民族主义，在东南亚国家中很多民族都跨国而居，因此也容易在国内民族主义的基础上形成地区的民族主义，甚至最终影响到国家的构建和安全。[③] 这些也对中国边境地区的社

---

① [英]安东尼·D.史密斯：《全球化时代的民族与民族主义》，中央编译出版社 2002 年版，第 4 页。

② 同上书，第 129—130 页。

③ 韦民：《民族主义地区主义的互动：东盟研究的新视角》，北京大学出版社 2005 年版，第 149 页。

会和谐产生了复杂的影响。

就今天在中国和周边国家的傣泰民族共同的居住区域之内而言，人们将有更多的交往和交融，形成更为紧密的社会关系、经济关系和宗教关系，尤其是共同的民族认同被强化，拥有更强的民族凝聚力。这种现象并不会因为社会的更加开放和全球化的加快而削弱，相反，全球化速度的加快与社会的开放带来了各民族意识复兴和民族认同的强化。因此在这个区域内的傣泐人相互之间产生影响就是不可避免的，当我们把中国的傣泐人和泰国的傣泐人文化认同问题放在一个大的宏观区域背景之下来加以考察，我们仍然可以看到民族认同和国家认同之间仍然存在波动的可能，人们一方面已经构建起了对于居住国的国家认同，但另一方面共同的民族认同，在这里是跨越了国家边界的民族认同也在增强，这不仅对今天，对未来也增加了更多的复杂性。在不同国家社会经济文化环境的变化等因素的影响下，任何国家的民族认同与国家认同的平衡将会被改变，这也将导致这一区域内社会关系的更加复杂化。不同国家中各民族的发展机遇的差异，文化待遇与宗教待遇等的差异，都将导致不同程度的冲突。泰国学者宋差也指出："在全球化的进程中，在湄公河流域建立连接人与自然的和谐关系，既要有内部的又要有外部的因素，需要运作各种计划和方案，能够保证加强民间与政府的交流和合作，目前，已经有投资计划并且达成了多种形式的协议。如：《泰、老、中、缅四角经济合作计划》《湄公河流域合作计划：泰、老、中、缅、柬埔寨、越南》以及一些区域性的合作协议，如中国—东盟自由贸易区等。这些协议，是为了扩大合作协议的领土范围，可以共同开发使用各种资源，加强社会、经济、文化的联系，加强各国的活动以及国与国之间的交往。居住在这一区域内的人们，从上述的一系列的活动中得到直接或间接的利益，如同受到来自海底的巨浪的影响，给这个区域和居住于此的人民带来前所未有的冲击。新一轮的'战争'又爆发了,但这场战争不再是历史上的'全家搬光'(指在历史上勐勇地区傣泐人被全家强迫搬迁到现在的居住地),是新时代的战争,是没有领土边界的地域无限扩大的战争,是促使人们的生活方式进入新的时代,适应社会和文化的变迁,所以,人们必须竞争、奋斗、挣扎、妥协。社会的复杂性、多样性比历史上的任何一个时期更加突出。"①

那么如何看待这种发展、顺应这种趋势推动中国的和谐边疆建设呢?

首先,我们必须看到,在云南有诸多的跨境民族,作为傣泰民族来说居住在不同的国家,有着共同的民族历史渊源关系,这本身是一种构建区域和谐社会关系的重要基础。因为这种社会关系的存在,更容易在这一个区域之内使人们相互理解、相互交往,从而获得更多的发展共识和发展机遇,更容易做到民心相通。因此在这个地区之内,人们很容易产生来往,经济和社会、文化合作很容易因为有固有的历史文化渊源关系获得展开,避免了很多社会理解的成本和可能的对抗。因此在过去的几十年中,中国傣族和周边国家的泰人以及泰国的傣泐人之间的交往互动,不论是社会的交往还是经济上的合作,都是首先发自民间的,甚至并没有多少政府的推动这种互动关系就在不断扩大,成为一种发展的趋势。中国的傣族和有共同民族历史渊源关系的老挝、缅甸、泰国、印度的泰人居住地区共同构成了一个傣泰文化圈②。笔者在论述傣泰文化圈的现实时指出,在今天这个多民族构成的区域内的

---

① [泰]宋差:《从勐勇到南奔:1805—2008》,研究报告印制本,清迈大学,2010年。

② 郑晓云:《傣泰民族起源与傣泰民族文化圈的形成新探》,《云南社会科学》2005年第3期。

发展过程中，我们必须要用新的思维来看待这种现实。在今天这种现实之下，新的思维就是以傣泰民族共同的文化传统为基础来促进区域之间的和平、合作与发展。有了这种思维，傣泰民族文化这一古老而伟大的文明就将成为区域和平、合作和发展的重要的文化基础，成为一笔不可多得的财富。由于傣泰民族文化圈内有着共同的民族文化渊源关系，更有利于促进不同国家之间傣泰民族居住区内的社会、经济、文化交流，在这种交流之上，促进各个国家之间在区域上的合作，这样就利于地区的和平和发展，人们容易互相理解、互相交流、互相帮助。傣泰民族文化和历史渊源关系将会成为这一地区人们之间合作，共同获得发展，促进和平与发展的一笔珍贵财富，而不应当把共同的民族渊源关系看成民族分裂，甚至是边疆和地区不稳定的因素，在这其中鼓励民族文化割据当然是要反对的。[①] 从这个观点出发，我们可以积极地利用中国傣族和周边国家泰人、傣泐人之间的民族历史渊源关系，推进这个地区的和平发展，这样就将为云南建设和谐边疆创造一个和谐的周边社会环境。我们应该大力推进这个地区傣泰民族之间的友好关系以及在这种关系上的经济、文化和社会合作。

其次，在这个过程中我们也应该看到，由于相互之间来往的增多，傣泰民族族群之间的内部联系也在增强，最直接的就是在民族认同的意识上更加增强了。人们更加注重一个民族的民族认同感，注重这一个民族的共同利益，使这个民族在这个区域内跨越不同国家的整体性得到增强。这其中尤其值得关注的是傣泰民族传统的"家园意识"。家园意识是傣泰民族一种特有的认同意识，傣泰民族在历史上就认同有傣族傣泰民族族群居住的地方就是傣

[①] 郑晓云：《全球化背景下的中国与东南亚傣泰民族文化》，民族出版社 2008 年版。

泰民族共同的家园，在这个家园之内人们不分国界都可以自由来往、迁徙，共同生活并构筑共同家园。因此在历史上傣族人频繁迁徙，在迁徙的过程中往往都是寻找有傣族居住的地方，而只要有傣族居住的地方人们都有可能定居下来，受到当地傣族人的关照和居住的许可，甚至授予土地耕作。因此今天的傣泰民族人民仍然认同在东南亚和南亚有一个傣泰民族人民共同居住的地区，是一个共同的家园，在这个家园中有共同文化、宗教和共同的族群，因此相互之间来往也是非常正常的。在今天的和平发展环境中，通过人们的频繁的互动，使人们的这种家园认同意识更加增强。因此在傣泰民族之中，人们一方面具有国家认同，另一方面同样有傣泰民族共同的家园认同。这种现象也会带来一些消极的影响，那就是可能在不同国家的政治环境和发展现实中带来不同国家傣泰民族人民的比较，随之而带来消极的影响，影响到国家认同的构建。

同时境内外傣泰民族之间的相互影响会更加扩大，这种影响包括社会经济文化各个层面。境外其他地区的傣族人民的社会动向和文化等都可能会直接影响到中国的傣族民众。近年来由于中国的经济获得了长足的发展，傣族人民的生活水平有了较大的提高，境外的经济影响对中国傣族来说并不大，主要的影响来自文化和宗教方面。在文化上，泰国的文化对西双版纳等地的傣族人来说仍然是有较大的影响的，由于文化相同，尤其是语言相近，傣族民众都乐于接受泰国文化。傣族妇女都喜欢来自于泰国的服装款式和面料，喜欢泰国的歌舞和音乐，也喜欢泰国的工艺品和日用品。泰国作为佛教国家和泰文化国家，对傣族人民来说仍然是有非常大的文化吸引力的，相对西双版纳傣族社会来说其强大的文化传播力量是不可忽视的。近年来在西双版纳一些地方的集市上往往都能看到很多来自泰国和缅甸的音像制品出售，包括歌舞、音乐和故事片，很受当地傣族人民的欢迎。

在宗教方面，由于泰国是佛教国家，因此在佛教信仰上傣族人民仍然普遍认为泰国佛教属于正宗，佛教的影响对中国傣族也是较大的。最近几年在云南边疆地区由于出家做和尚的青少年越来越少，佛教僧侣，尤其是高级佛教僧侣更少，但是傣族人民在各种佛事活动中都需要有僧侣主持活动，甚至主持寺庙。因此一个普遍的现象是今天在云南傣族地区的佛教寺庙中，做寺庙住持的往往都是来自缅甸和泰国的僧侣，佛教的经典也大多数来自境外。中国的傣族民众也经常前往缅甸、老挝、泰国参加各种宗教活动，受到境外的宗教影响较大。但从目前的总体状况来看，这些活动和影响都还局限于宗教信仰范围内，并没有对宗教信仰之外的层面产生明显影响。但是无论如何，境外的宗教对边疆傣族地区的影响是较大的，也是值得关注的事实。

从以上分析来看，中国与泰国等国家傣泐人的交往将更加频繁，共同的认同意识也将被强化，中国傣族受到境外文化，尤其是泰国文化的影响也将加大。从我们前面对中国傣族国家认同形成过程的分析及认同构建的原理而言，仍然是有确实的着力点可着力的，那就是夯实傣族人民国家认同的基础，增强中国傣族人民的国家认同。国家认同是任何一个民族都不可缺少的，因为每个现代民族都是单一或分散居住在不同的国家中的，这一点每个民族都可以感受到，每个民族都会构建自己的国家认同，只要这个国家能够为一个民族提供生存的保障并维护其民族文化传统的尊严。因此在当代的发展环境中，面对着周边国家民族主义的复兴，在构建和谐边疆中最重要的仍然是不断夯实中国边疆各民族，尤其是跨境而居的各民族人民的国家认同，只有国家认同意识得到增强，才能够有力地抵御外来文化的影响，实现边疆的和谐。对傣泰民族人民来说，虽然今天的区域民族主义现象只是一种发展趋势，但是它和这个地区特殊的政治环境、地域环境都有直接关系，对中国的傣族社会也会有直接的影响。我们今天仍然有必要不断夯实傣族人民的国家认同，增强傣族人民作为中国公民的优越感，这样才能防范境外文化影响，尤其是来自于傣泰民族居住区域其他民族的影响，这一点在构建中国的和谐边疆中是非常重要的。

夯实傣族人民国家认同的基础，首先是要大力发展傣族地区的经济，大力提高傣族人民的生活水平，使中国的傣族人民在经济发展上有明显的优势，尤其是和周边国家傣泐人居的地区有明显的可比性，这样能够使中国的傣族人民生活稳定，提升对外比较中的自信心。傣族人民在历史上是一个饱受战乱影响、频繁迁徙的民族，历史上总是不断地顺着大江大河寻找新的居住地，建新的家园，傣族人民在心理上有期盼稳定富裕的生活的强烈意识。因此在傣族人民的心理上稳定的家园是第一位的，如果当前居住的地方不稳定安全，那么就将动摇傣族人民对这个家园的信心，这是傣族民族心理和国家认同中的一个重要因素。因此我们要通过建设傣族人民美好的家园、富裕的生活来消除傣族人民心理上潜在的忧患意识，这样就能提升他们的国家认同。

再次，不断夯实中国傣族人民国家认同的又一个重要基点是保障傣族人民的宗教和文化权利，创造一个有利于傣族人民的宗教和文化生存和发展的环境。中国大多数的傣族人民，信仰南传上座部佛教，宗教生活在傣族社会中占有重要的位置，对傣族的民族认同构成也十分重要，因此对傣族宗教和传统文化的尊重对傣族人民国家认同也有重要的影响。在历史上，尤其是现代发展历史上已经有很多教训，一旦傣族人民的文化权益，尤其是宗教信仰受到打压，就会引起傣族人民对国家认同的背离。在我们的长期调查研究过程中，也反映出了中国的傣族在六七十年代对中国社会的不满体现在和国外尤其是泰国宗教信仰与文化发展环境的反差上，人们十分羡慕境外傣泐人信仰宗教和发展民族文化的自由环境。因此民族文化发展环境对傣族人民的国家认同的夯实有至关重要的意义，也是傣族地区社会和谐的重要因素。我们一方面要大力加强边疆的国家主体的文化建设，另一方面有必要采取积极的措施，保障傣族人民信仰宗教的自由，加强傣族传统文化的继承和发展，以优越的民族文化发展环境来提升中国傣族人民的文化自豪感，赢得境外傣族人民的向往和尊重，这一点对于构建和谐边疆也是非常重要的。

最后，要不断增强中国傣族居住区的对外影响力，包括经济、社会及文化的影响力。我们一方面要加强和周边国家傣泰民族人民的社会经济文化交往，努力构建一个区域和平的文化环境；另一方面我们必须大力提升中国傣族居住区的对外影响力。中国的云南省不仅是中国傣族人民的生存家园，同时也是今天居住在周边国家傣泰民族人民的发祥地，这本身就是一个非常有利的条件，使周边国家的傣泰民族人民对中国的傣族居住地区有崇敬和一定的认同感，成为傣泰民族文化一个重要的中心。事实上在今天一些泰国傣泐人居住地区，已经把西双版纳傣族文化作为他们构建自己的本土文化的重要元素，周边国家傣泐人对中国经济发展也都十分认可，最近几年周边国家傣泰族群民众也不断兴起寻根热。因此提升中国傣族居住区的对外影响力，对提升中国傣泐人国家优越感和自信心，进而增强国家认同都有十分重要的价值。在这一点上还必须采取积极有效措施，主动扩大对外影响力的塑造，主动做好对外宣传，让周边国家的傣泰民族人民都了解中国傣族地区发展的巨大变化和中国傣族人民的生存状况，进而增强对中国傣族的认同感，这样也将大大提升中国傣族的国家自信心和认同。

后　　记

　　这本书稿是在 2008 年立项的国家社会科学基金项目《泰国泰泐人的族别认同及其对中国和谐边疆建设的影响》成果的基础上进行调整补充而形成的。这个项目原来的研究成果形式是研究报告，目前即将付梓的这个文本增加了一些历史的内容，同时压缩了一些对策建议性的论述，使这本书增强了学术性。

　　泰国北部是与中国傣族有共同的民族历史渊源关系的族群分布较集中的地方，但是这一区域的历史和文化面貌对中国学术界来说仍然是知之甚少的，除了文献的局限性以外，中国学者对这个地方傣泐人的田野工作到目前为止仍然很有限。事实上在本人的田野研究过程中，包括很多泰国学者也都还不是非常清楚当地傣泐族群全面的社会文化状况，乃至于分布的状况。因此，无论中国学者还是泰国学者都非常肯定加强对泰国北部傣泐族群的调查研究，尤其是和中国傣族的历史渊源关系、当代的社会文化互动研究有非常重要的价值。今天随着中国改革开放的推进，这一区域的交通连接已经变得更顺畅，社会经济文化交流已很便捷，中国和周边国家的傣泰族群人民之间的交往也同样变得越来越频繁。尽管如此，事实上有很多民间交往的现象从政府到学界都还不掌握，这就需要我们进行更多的研究，尤其是实地调查研究。

　　在上述国家社会科学基金项目立项之后，笔者先后前往泰国北部地区的清迈、清莱、帕腰、难府、南奔等府进行了五次针对本课题研究的实地调研，加之以前数十次在泰国的调查研究和学术交流，都为这个项目的完成提供了基础。值得庆幸的是，我本人的调查研究工作一如既往地获得了当地泰国学者及有关机构的大力支持，尤其是泰国西北大学（Payap University）、清迈大学、皇家大学的大力支持。泰国西北大学不仅全面协调了调研点的工作，同时也安排了交通工具和陪同人员一同前往调查。我的长期合作伙伴泰国西北大学前任研究生院院长、著名泰学家娜达蓬—素塔孔教授作为项目组成员陪同我进行了大多数的田野调查工作，同时还为本书撰写了部分章节，提供了大量的背景资料。我的太太玉涛女士通晓当地傣泐人的语言，也陪同了我大多数的田野调查研究工作，担任翻译。正是在这些有利条件之下，这个项目才得以顺利完成。这本书不仅探讨了中国云南傣族和泰国傣泐人之间的社会历史渊源关系、文化认同的重构问题和近年来各方面的交流，同时也提供了大量鲜活的田野调查资料，更彰显了这本书的价值。同时，这本书的出版也是中泰友谊的一个小小结晶。希望通过这本书的出版，能够让中国的读者更加了解泰国北部傣泐人的社会文化状况和族群文化认同的重构过程，为促进中国和东南亚人民的民心相通起到积极的作用，同时也为深化中国和东南亚的傣泰民族研究作出贡献，为未来的研究提供一个基础。

郑晓云

2019 年 3 月 15 日